Melysach Cybolfa

Mari Gwilym

Gwasg Carreg Gwalch

Argraffiad cyntaf: 2017

Rhif Llyfr Safonol Rhyngwladol:
978-1-84527-607-2

Cyhoeddwyd gyda chymorth Cyngor Llyfrau Cymru

Dylunio'r clawr: Olwen Fowler

Cyhoeddwyd gan Wasg Carreg Gwalch,
12 Iard yr Orsaf, Llanrwst, Dyffryn Conwy, Cymru LL26 0EH.
Ffôn: 01492 642031
e-bost: llyfrau@carreg-gwalch.cymru
lle ar y we: www.carreg-gwalch.cymru

Argraffwyd a chyhoeddwyd yng Nghymru

MELYSACH CYBOLFA

I Emrys, a phawb o'm darllenwyr

Diolchiadau

Yn bennaf oll, rhaid i mi ddiolch yn daer a gwresog i Nia Roberts, fy ngolygydd, am ei hawgrymiadau effeithiol a'i golygu ystyrlon.

Diolch hefyd i'r canlynol:

i Gyngor Llyfrau Cymru am gytuno i gomisiynu'r gyfrol hon mor ddiymdroi

i Ganolfan 'Sgrifennu Tŷ Newydd, Llanystumdwy, am hwyl a mwy dros y blynyddoedd

i lond trol o awduron eraill roddodd fi ar ben ffordd, a f'annog i sgrifennu mewn gwahanol ffurfiau, boed hynny ar gyfer plant, pobol ifanc neu oedolion, yn ddrama a rhyddiaith. Mae'r rhestr o'r awduron rheiny yn rhy niferus i'w crybwyll.

I Sel Jones (PENSEL) am awgrymu'r teitl

i Mam am y stori olaf un, sef 'Craith'.

A diolch i Ems, fy ngŵr am ei fynadd hefo fy moedro mawr!

Cynnwys

Dwedai hen ŵr llwyd o'r gornel:
Gan fy nhad mi glywais chwedel;
A chan ei daid y clywsai yntau,
Ac ar ei ôl, mi gofiais innau.

o 'Cerdd Yr Hen Ŵr o'r Coed', Ellis Roberts
(*Chwedlau Gwerin Cymru*, Robin Gwyndaf)

... The most primitive traces of human mime are certainly connected with hunting games or rituals, though men prefer to play the part of their quarry. The earliest reason for imitating an animal may have been as a *direct means of communication*: at a stage when language is very inadequate *the returning hunter wants to describe what he has seen or done*, and so acts out his adventures.

'The Beginnings: Primitive Drama'
o *World Theatre*, Bamber Gascoigne

Rhagair

Yn dilyn fy nghyfrol *Melysgybolfa Mari* oedd, i mi beth bynnag, yn waith arbrofol gan nad oeddwn erioed wedi cyhoeddi casgliad o ryddiaith i oedolion o'r blaen, dyma fwrw iddi unwaith eto hefo mwy o waith ysgrifenedig yn deillio o straeon llafar, yn y rhan gyntaf, o leia. Yr un yw fy nod wrth greu'r rheiny: defnyddio hanesion yr ydw i wedi eu hadrodd wrth sgwrsio hefo pobol, a'u cofnodi nhw ar ddu a gwyn.

Mae dwy ran i'r gyfrol – y rhan gyntaf yn gofnod uniongyrchol o 'mhrofiadau a'm troeon trwstan a'r ail ran yn straeon mwy creadigol ac arbrofol nad ydynt, o anghenraid, yn ddoniol. Llyfr i oedolion ydi o, ond buaswn wrth fy modd petai'r to ifanc yn rhoi tro ar ei ddarllen o hefyd.

Dwi'n credu bod y gallu i adrodd stori yn syml, eglur ac effeithiol yn gaffaeliad mawr. Yn fy marn i, pan fo pobol yn peidio gwneud hynny, neu – gwaeth! – yn colli'r gallu i sgwrsio a rhannu straeon, mae rhwydwaith ein cymdeithasau'n dirywio, a pherthynas iach dyn â'i gyd-ddyn yn pylu. Synnwyr cyffredin ydi hynny.

Fel y dywedais eisoes, rydw i'n agor fy nghyfrol hefo straeon am fy nhroeon trwstan, gan fod pobol yn holi o hyd ac o hyd am y digwyddiadau doniol sy'n dod i'm rhan. Dwi'n siŵr bod rhai pobol yn credu 'mod i wedi cael fy ngeni'n chwithig – mi gredais innau hynny ar un adeg gan fod fy mam yn or-chwithig am ei bod hi'n llawchwith, a finna wedi etifeddu'r un nodwedd. Dydw i ddim yn llawchwith, ond yn amlach na heb, fedra i ddim cofio lle mae'r dde a lle mae'r chwith. Mae hynny'n cyfrannu at y ffaith 'mod i'n cael mwy na fy siâr o droeon trwstan!

Hefyd, mae hi'n anodd peidio cael tro trwstan pan fo rhywun mor fyr â fi! A pheth arall, dwi wedi cael dwy ddamwain achosodd i mi daro 'mhen a llewygu. Fel canlyniad i un o'r rheiny, mae rhywbeth rhyfedd iawn wedi digwydd i 'nghlyw i. Bellach, dwi'n clywed, ond heb fedru dehongli'n iawn o ble mae sŵn yn dod. Er enghraifft, petai ergyd swnllyd yn digwydd ar Ynys Môn, mi faswn i'n tueddu i feddwl bod yr Wyddfa wedi ffrwydro! Dwi'n meddwl 'mod i'n ymddwyn yn wahanol oherwydd gwendidau corfforol – os a' i allan heb fy sbectol, mae rhywbeth annisgwyl yn siŵr o ddigwydd i mi gan 'mod i'n fyr fy ngolwg!

Mae pawb yn od weithiau, neu o leia'n cael un neu ddau dro trwstan bob hyn a hyn. Mae 'na rai tawel yn dewis anwybyddu'r profiadau rheiny mewn swildod neu embaras llwyr, ac yn llwyddo i ddal gafael yn eu hurddas drwy beidio â sôn gair am y peth. Rhai felly sy'n debygol o ymateb i 'nehongliad i o ryw dro trwstan drwy ddweud 'Ti'm yn gall!' wrtha i. Rhaid gochel rhag mwydro pobol felly hefo straeon gwamal a gwirion. Yn anffodus, fydda i ddim yn llwyddo bob tro, ond er hynny mae 'na amser i bopeth, ac mi fydda i'n ymdrechu i f'atgoffa fy hun bod amser i ddeud stori ddigri, ac amser i wybod pryd i gau ceg. Meistroli'r grefft honno ydi bod yn sylwgar a dangos empathi. Ac mi fyddai rhai yn dadlau mai gwrando ydy'r gamp fwyaf. Dwi'n ymwybodol o hynny. Mae'n safbwynt hollol deg, ond mae 'na ddwy ochr i bob ceiniog, gan fod y gwrando a'r deud yn rhan o'r un weithred o gyfathrebu.

I'r rhelyw, mae adrodd profiad sy'n codi gwên yn ffordd o dorri'r garw. Mae'n help i hybu'r sgwrs pan nad oes neb yn siŵr iawn be i'w ddeud nesa. Fel'na ces i fy nysgu, beth bynnag. Ro'n i'n blentyn dwys a phryderus, yn ôl fy rhieni. Byddai Mam wastad yn f'atgoffa o hyd i 'beidio bod mor surbwch', ac yn fy annog i wenu. 'Byddwch lawen a hyfryd!' fyddai ei chenadwri barhaus. Mam ddysgodd i mi – a dysgu 'Nhad hefyd – i adrodd straeon hwyliog (nid doniol na gwirion, sylwer) gan y byddai hi ei hun yn gwneud hynny drwy'r adeg. A pha ryfedd, achos mae'n debyg mai un hwyliog oedd fy nain – mam fy mam – hefyd.

Yn amlach na pheidio yn fy hanes cynnar felly, roedd

cydrannu a mwynhau'r hwyl a'r rhialtwch o adrodd straeon am fy nhroeon anffodus a lletchwith o ganlyniad i fy anawsterau corfforol yn help i mi guddio swildod ac ansicrwydd. Erbyn hyn, ac ar nodyn llai hunanol, mae gwneud hynny i'w weld yn asio pobol at ei gilydd wrth i bawb gyd-chwerthin. Dyna pam 'mod i'n credu bod y grefft syml o adrodd stori a hoelio sylw'r gwrandawyr (sef yr hen grefft Gymreig o eiddo'r Cyfarwydd) yn amhrisiadwy ac yn un y dylid ei dysgu'n gynnar iawn i blant. Dim ond eisin ar gacen y stori, fel petai, yw'r hiwmor. Ond os ydi'r straeon yn cynnwys dogn helaeth o ddirgelwch a ffraethineb iach a difalais, gorau oll. Y straeon rheiny yw cynsail ein hiwmor traddodiadol llafar ni sy'n dyddio'n ôl i oesoedd cynnar ein hanes cyn i neb glywed gair am na 'sgrifbin nag inc – heb sôn am gyfrifiaduron a chomedïwyr stand-yp!

Dwi'n credu bod y traddodiad hynafol o adrodd a rhannu profiadau a straeon ar lafar yn deillio o'r angen sylfaenol sydd ynom ni bobol i gael ein deall a'n derbyn o fewn y gymdeithas y byddwn ni'n troi ynddi. Mae'r grefft o adrodd stori yn un y dylid ei chymryd o ddifri a'i meithrin yn gynnar er mwyn hybu mynegiant clir o deimladau ac emosiynau. Dalier sylw: nid jôc 'mo stori lafar. Gall fod yn addysgol. Gall newid agweddau. Yn bennaf oll, os bydd y storïwr yn llwyddo i gadw cydymdeimlad â'i gynulleidfa drwy gydol y weithred o adrodd ei straeon, yna mae ganddo/ganddi arf hanfodol i hybu cytgord a chyd-ddealltwriaeth rhwng dyn, ei dylwyth a'i gymdeithas.

Mari Gwilym
Tachwedd 2017

Rhan 1

Dysgu gyrru car

Y petha oedd yn rhoi'r drafferth fwya i mi pan o'n i'n dysgu gyrru car oedd y lonydd. Roedd 'na ormod ohonyn nhw. Hynny ydi, roedd 'na ormod o droadau ynddyn nhw, ac os na faswn i'n cadw golwg arnyn nhw drwy'r adeg mi fasan nhw'n troi yn feistri corn arna i. Os na faswn i'n canolbwyntio, mi fasa'r tacla yn gwyro i'r dde neu'r chwith yn sydyn gynddeiriog a dirybudd, ac yn saethu ata i cyn i mi gael cyfle i sylweddoli be oedd yn digwydd. O ganlyniad, ar adegau felly, mi faswn i a'r car yn slwj yn nhin rhyw glawdd neu ffos yn rwla mwya dinad-man, a hynny cyn cyfnod y ffonau symudol.

Pan ydach chi wedi'i gadael hi braidd yn hwyr i ddysgu gyrru, rydach chi wedi bod yn basenjar am amser rhy hir. Mae hynny'n golygu wedyn eich bod chi wedi magu arferion anffodus – fel diffyg canolbwyntio ar y ffordd o'ch blaen. Mae hi'n hawdd iawn i chi adael i'ch meddwl grwydro'n ddireolaeth, yn enwedig os ydach chi'n mwynhau busnesu a ddim yn cofio mai chi ydi'r gyrrwr. Wedi'r cwbwl, dydach chi ddim i fod i ollwng y llyw i godi llaw fel melin wynt a bloeddio 'iŵ-hŵ!' – hyd yn oed os ydach chi wedi cael cip ar rywun doeddach chi ddim wedi ei weld ers oes pys ac yn ysu isio tynnu eu sylw er mwyn cael sgwrs a jangl go iawn efo nhw ...

Diwrnod hunllefus oedd diwrnod fy mhrawf gyrru cyntaf. Mi oedd hwnnw'n llanast llwyr o'm safbwynt i, achos mi fethais y prawf o fewn deng munud i'w gychwyn. Ro'n i wedi llyncu deg pilsen lysieuol *Quiet Life* cyn mynd i Fangor hefo Helen, a ddysgodd fi i yrru yn ei Peugeot bach gwyn. Dyma gyrraedd y ganolfan brawf, a pharciodd Helen yn daclus wrth ymyl y rhes mini-metros gwynion swyddogol. Wedi i mi fod yn y lle chwech tua phum gwaith oherwydd fy nerfusrwydd a'r tabledi *Quiet Life* (na lwyddodd i'm tawelu o gwbwl) ymbalfalais yn llechwraidd allan o'r ganolfan. Ro'n i eisoes wedi arwyddo rhyw ffurflen yn grynedig, ac wedi torri f'enw ar sawl lein yn anghywir yn fy ffwdan a gorfod eu croesi nhw wedyn cyn darganfod pa lein yn union ro'n i i fod i'w harwyddo.

Yn y ganolfan, yn aros amdana i, roedd andros o arholwr mawr llydan, talsyth, hefo clip-bôrd dan ei gesail.

'Siwd y'ch chi heddi?' gofynnodd hwnnw.

'Ofnadwy!' atebais.

'Jiw, jiw – p'idwch becso dim, bach,' medda fo wedyn, a phrysuro i 'nghyfeirio fi at ryw gar yn y pellter. 'Nawr 'te, 'wy moyn i chi 'weud wrtho i beth yw ym ... y ... ym ... y cof- ... cof- ... *registration number* y car 'co man'co.'

'N'acw?' holais yn bryderus.

'Ie, ie, ie, 'na fe, 'na fe, – hwncw man'co.'

'Ym ... wel ... Mae o'n dechra efo eg,' medda fi.

'Be chi'n 'weud?' gofynnodd ynta'n reit siort, achos yn amlwg, er nad oedd o'n gwbod dim am y *Quiet Life* lyncais i'n gynharach, roedd o wedi dechra ama'n syth bìn 'mod i'n rhy fyr fy ngolwg i drio'r prawf.

'Be chi'n feddwl, 'eg'?' holodd wedyn.

'Wel *eg*, 'de,' atebais, gan ddefnyddio hen-ffordd-fy-nain o ynganu'r llythyren.

'Be chi'n feddwl?' holodd y diawl dyn prawf gyrru.

'Eg Aitsh W tri pump un Y ydi nymbar y car acw!' medda finna, yn go biwis erbyn hyn.

'Nage ddim!' meddai'r arholwr, 'Sdim *ee-double-gee* ar y dachre, w!'

'Wel dim 'eg' 'fath ag wy o'n i'n feddwl, siŵr!' taerais, 'Eg' 'fath â sy 'na ar ddechra Geraint a Gwyneth a Gwydion!'

Edrychodd yr arholwr i lawr o'i uchelfannau talsyth arna i a deud yn sychlyd, 'O. 'Wy'n gweld.' Ac mi diciodd ryw focs ar ei ffurflen ar y clip-bôrd, a f'annog i fynd hefo fo i mewn i'r car.

'P'un yw'ch car chi?' gofynnodd.

'Hwn,' medda fi, wedi ffrwcsio'n lân, gan neidio i mewn tu ôl i olwyn y car gwyn agosa ata i yn fy mhanic. Mae'n rhaid bod yr arholwr wedi cynhyrfu cymaint â finna, achos er ei fod o'n ddyn mawr, mi 'stachodd i mewn i sêt y pasenjar yn andros o sydyn.

'Nawr 'te. Bant â'r cart!'

Ro'n i'n falch iawn o gael brolio wedyn 'mod i wedi cychwyn y 'cart' hwnnw yn esmwyth a diffwdan heb iddo fo neidio fel cangarŵ. Ac ar gyfarwyddyd yr arholwr, edrychais yn y drych, arwyddo 'mod i'n troi i'r chwith a gwneud hynny 'mhen rhyw dri munud. Mi wnes i droi i'r chwith ddwywaith i gyd. Roeddwn i bellach ar Ffordd Caernarfon ym Mangor, yn gyrru'n eitha hyderus i gyfeiriad yr orsaf drenau.

Wrth i mi daro cipolwg ar y *speedometer*, i sicrhau nad oeddwn i'n mynd mwy na thri deg milltir yr awr, mi es i'n chwys oer drostaf. Sylweddolais fod tu mewn y car yn anghyfarwydd iawn i mi. Ro'n i wedi neidio i mewn i gar rhywun arall! Gan fod y goriad wedi cael ei adael ynddo, a'i ddrysau heb eu cloi, ro'n i wedi medru ei yrru ymaith heb unrhyw drafferth o gwbwl – a gwaeth fyth, roedd yr arholwr wedi fy nilyn i mewn iddo fo, fel oen i'r lladdfa.

Heb feddwl, breciais yn sydyn a stopio'r car yn y fan a'r lle. Edrychodd yr arholwr arna' i'n syn.

'Wedes i ddim wrthych chi am wneud *emergency stop*!'

'Na ... sori,' atebais.

'Wel pam o'dd raid chi wneud un, te?'

'Dim hwn ydi 'nghar i!' torrais ar ei draws.

Edrychodd y dyn mawr arna i'n anghrediniol.

'Be wna i rŵan, d'wch?' holais yn lletchwith. Bu eiliad neu ddwy o dawelwch.

'Ewch 'nôl i'r *test centre* ... ym, i'r ganolfan yrru yndife – i 'ôl y car iawn!'

A dyna ddigwyddodd. Ymhen ychydig funudau roeddwn yn fy nghar arferol (sef un Helen) yn gyrru unwaith eto i gyfeiriad yr orsaf, a phethau'n mynd yn weddol rhwydd. Arhosais wrth y goleuadau traffig, a chael dim trafferth wrth symud yn esmwyth i'r chwith wedi i'r golau newid yn wyrdd. Wedyn y gwnes i'r llanast. Arwyddais 'mod i'n troi i'r dde i gyfeiriad Theatr Gwynedd gynt am ddim rheswm o gwbwl, dim ond am ei bod hi'n arferol i mi wneud hynny.

''Wy *ddim moyn* i chi droi nawr! 'Wy moyn chi fynd syth mla'n am Fangor Uchaf!' oedd y gorchymyn ges i.

'Wel cachu hwch!' medda finna, a throi'r car yn ôl i'r chwith: reit i lwybr lorri enfawr! 'Damia!' ebychais, gan ddisgwyl clywed clec ac ergyd y lorri yn taro yn erbyn fy nghar bach. Ond diolch byth, yr unig beth glywais i oedd sgrech erchyll ei frêcs wrth i yrrwr y lorri lwyddo i osgoi damwain.

Ddeudodd yr arholwr ddim byd. Roedd o wedi rhoi 'i benglinia yn 'i geg, ac roedd 'i wyneb o'n biws. Roeddwn inna'n chwys laddar ac wedi stôlio'r car.

'Be wna i rŵan, d'wch?' holais mewn llais bychan bach. Ochneidiodd yr arholwr. Erbyn hyn ro'n i'n creu tagfa draffig, a gyrwyr y ceir oedd o 'nghwmpas i'n dechrau 'sgyrnygu a chanu eu cyrn.

'Dewch 'mla'n!' medda fo, 'ma's o 'ma. Ewch rownd mewn cylch, a 'nôl i'r *test centre!*' Taniais y car mewn penbleth.

'Pam bod isio i mi fynd yn ôl i'r ganolfan? 'Mond newydd ddechra ydan ni!'

Ddeudodd y dyn mawr, tal, ddim byd o gwbwl, a dyna pryd y gwawriodd arna i be oedd ganddo fo dan sylw.

'Dwi 'di methu'r prawf, do?'

'Do!' atebodd. 'Ddrwg 'da fi, ond chi wedi ffaelu'ch prawf.'

Dyna oedd diwedd hanes fy mhrawf gyrru cynta. Erbyn yr ail brawf, mi oeddwn wedi penderfynu 'mod i am fethu hwnnw beth bynnag, felly wnes i ddim llyncu 'run bilsen *Quiet Life*, ac mi es i'n ddigon di-hid i ffau'r llewod.

Llamodd fy nghalon i 'ngwddw eilwaith pan welais pwy oedd fy arholwr – ia, y dyn mawr ei hun! Ond y tro yma, roedd ffawd o 'mhlaid i. Roedd hi'n ddiwrnod graddio ym Mhrifysgol

Bangor – myfyrwyr yn forgrug ar hyd Bangor Uchaf, a finnau'n gorfod malwennu drwyddyn nhw. Doeddwn i ddim yn gorfod meddwl yn gyflym iawn o'r herwydd, ac mi basiais y prawf gyrru y diwrnod hwnnw, er mawr ryfeddod i mi fy hun – ac i'r dyn mawr!

Ar goll ar drywydd Merched y Wawr
a chymdeithasau eraill

Cymdeithas Lenyddol Cwm Nantcol

Meddwl am sysbendars fy mam o'n i wrth grafangio i'r lle chwech yn festri capel Cwm Nantcol, y cwm hwnnw sy'n swatio yn y mynyddoedd heb fod ymhell o Ddyffryn Ardudwy, Harlech. Mae ganddyn nhw dŷ bach penigamp yno – un glân a graenus a'i waliau'n wyngalch drostynt, a phan agorais y drws i fynd i mewn, mi ddawnsiodd 'na lond dwrn o ddail crin oedd wedi cael eu chwythu yno yn gylch ar ganol y llawr.

Fel arfer, fydd 'na neb yn gorfod crafangio ar ei bedwar i fynd i'r lle chwech yng Nghwm Nantcol, ond pan es i yno i roi sgwrs i'r Gymdeithas Lenyddol, roedd hi'n eira mawr a rhew a finna'n gwisgo sgidia sodla main. Pan gyrhaeddais yn y tywyllwch gaeafol, dyma ddarganfod y lle chwech penodol hwnnw y tu allan, fel sy'n arferol yn aml mewn neuaddau a festrïoedd capel a adeiladwyd yn gynnar yn y ganrif ddiwethaf.

Fel y soniais i, mi sglefriais i lawr yr allt fechan tuag at y drws a dal fy ngwynt wrth fynd i mewn – achos yn y fan honno'n union, wrth edrych ar y dail yn troelli a throi yn y gwynt main – y ce's i ofn. Be tasa 'na ll'godan fawr yn llechu tu ôl i'r pan? Cofiais yn sydyn am fy mam yn ymweld â'r lle chwech tu allan i festri capel Brynaerau, sy'n gwasanaethu ardal Pontllyfni lle ces i fy magu ers talwm. Roedd fy nhad newydd dynnu ei choes wrth iddi 'nelu am y lle gan ei rhybuddio fod 'na lygoden wedi ymgartrefu yn lle chwech y festri, ac iddi fod yn ofalus!

'Gwilym, peidiwch â rwdlian!' wfftiodd Mam ar y pryd, a phrysuro i wneud diferyn. Yn sydyn a dirybudd, teimlodd rywbeth yn crafu ei chlun noeth, a sgrechiodd dros y lle nes i rai o'r merched eraill ruthro allan o'r festri i'w hachub.

Ond doedd dim rhaid i neb fod wedi cynhyrfu o gwbwl, achos yr unig beth oedd wedi crafu pen ôl fy mam oedd un o'r sysbendars oedd yn dal ei sana i fyny!

Ar ôl i mi sglefrio yn ôl i mewn i neuadd glyd Cwm Nantcol a'i darganfod, er mawr ryddhad i mi, yn llawn o bobol hwyliog a chroesawgar, dyma osod fy llyfra ar y bwrdd o flaen fy nghynulleidfa. Mi gefais gyflwyniad a derbyniad brwdfrydig, a churo dwylo gwresog cyn i mi ddeud gair o 'mhen. Teimlais braidd yn nerfus wedyn gan obeithio y medrwn i ddiwallu anghenion y bobol, achos roeddan nhw'n disgwyl i mi eu difyrru nhw yn ôl fy arfer am awr gron gyfa, o leia! Felly dyma fi'n dechra fel hyn, yn anarferol o ffurfiol;

'Annwyl gyfeillion, diolch yn fawr iawn i chi am ...' A dim ond hynna lwyddais i i'w ddeud cyn i bob man droi'n ddu. Ebychodd pawb, a finna i'w canlyn nhw, mewn syndod. Doedd 'run ohonon ni'n medru gweld ein gilydd o gwbwl yn y tywyllwch dudew.

'Brensiach!' meddai llywydd y noson, 'Ma' raid bod y cêbls trydan wedi dod i lawr dan bwysa'r eira.'

'Hitiwch befo,' medda fi, 'gewch chi i gyd ddychmygu'ch bod chi'n gwrando arna i ar Radio Cymru.' A dyma fi'n dechra traethu. Ond roedd y gynulleidfa'n reit anesmwyth o hyd – wedi'r cwbwl, peth braidd yn lletchwith ydi gorfod gwrando ar siaradwraig wadd yn malu awyr a neb yn ei gweld hi, heb sôn am fethu gweld y person agosa atoch chi! Dechreuodd rhai yma ac acw danio'u ffonau symudol, ond doedd hynny'n da i ddim achos 'mond rhoi rhyw sgwaria bach o ola' egwan fan hyn a fan draw wnaethon nhw). Mi daniodd rhai eraill fflachlampau. Doedd hynny fawr o help chwaith. Ond ymhen sbel, cafodd glaslanc o ffarmwr syniad penigamp. Ymbalfalodd at y drws yng ngolau ei fflachlamp a mynd allan ar ei union i nôl lamp hela llwynog.

Yng ngolau honno y traethais fy araith, a'i gorffen i gymeradwyaeth wresog, a chefais frechdanau a chacennau diri ar y diwedd i goroni'r cwbwl. Ac er nad oedd 'na ddŵr poeth i wneud te roedd hi'n noson fythgofiadwy: y trwch eira a'r tywyllwch tu allan, a golau'r lamp hela a'r cysgodion tu mewn yn ychwanegu at awyrgylch hudolus Cwm Nantcol a chroeso cynnes pobol yr ardal arbennig honno.

Merched y Wawr Llanerfyl

Wyddwn i yn y byd mawr lle roedd Llanerfyl. Erbyn dallt, dydi o ddim ymhell o Lanfair Caereinion. Ro'n i gymaint o ofn mynd ar goll wrth deithio yno, mi es i â 'ngŵr hefo fi, gan obeithio nad oedd ots gan y merched 'mod i'n dŵad a dyn i'w plith nhw! Un trefnus ryfeddol ydi Emrys, felly yn lle cyrraedd yn hwyr yn ôl fy arfer (ar ôl bod ar goll), roeddan ni'n parcio tu allan i'r neuadd gymunedol ddwyawr yn rhy gynnar.

Tra oeddan ni'n aros i'r merched gyrraedd, mi aethon ni am dro o gwmpas ardal roeddan ni wedi tybio ei bod hi'n Saesnig iawn. Ond mi gafon ni'n siomi o'r ochr orau wrth dorri gair yn Gymraeg yma ac acw, yn enwedig hefo disgyblion Ysgol Llanfair Caereinion a garddwyr pybyr oedd yn siarad efo ni dros ben cloddiau. Yr un oedd y cwestiwn oedd yn agor pob sgwrs;

'Hylô, Mari Gwilym ... be ddaeth â chi ffordd yme?'

Daeth yn amser i ni 'i throi hi'n ôl am y neuadd – eto, yn dal i fod fymryn yn gynnar. Ac er mawr ryddhad i ni, roedd Merched y Wawr wedi cyrraedd. Roeddan nhw i gyd yn fflat ar eu cefnau ar y llawr a'u traed yn yr awyr, yn cau ac yn agor eu coesau fel sisyrnau. Ac mi gaeodd Emrys yntau ei lygaid cyn eu hagor led y pen, yn syfrdan hollol. Erbyn dallt, roeddan nhw – ac eraill o ardal Llanerfyl – yn cael gwers ioga cyn i aelodau cangen Merched y Wawr aros ar gyfer eu cyfarfod. Chwip o syniad da, meddyliais, achos roeddan nhw'n gynulleidfa effro a wrandawodd yn astud arna i yn llawen, llon a gwerthfawrogol tu hwnt, a'r ioga wedi gwneud lles dybryd iddyn nhw. Roedd hi wir yn bleser bod yn eu cwmni, ac ar y diwedd, mi gafon ni'n dau wledd flasus ganddyn nhw cyn ei throi hi am adra. Gyda llaw, rhoddodd un ohonyn nhw blanhigyn lili heddwch i mi yn anrheg wrth ymadael. Mae'r lili honno gen i o hyd, a finna'n ei thrysori.

Capel Tyddynshôn, Rhosfawr, Y Ffôr

Mi fasa rhywun yn meddwl y baswn i'n medru darganfod Rhosfawr, ger pentre'r Ffôr, yn iawn. Wedi'r cwbwl, mae fy nheulu'n dod o benrhyn Llŷn, a gan 'mod inna wedi fy magu nid nepell o Gaernarfon, ro'n i wedi arfer teitho rhwng y ddau le hefo fy rhieni drwy gydol fy mhlentyndod, a mynd drwy bentre'r Ffôr wrth wneud hynny. Ond pan ges i wahoddiad i fynd i siarad hefo criw Capel Tyddynshôn yn fuan ar ôl cyhoeddi fy nghyfrol *Melysgybolfa Mari*, mi es i ar goll!

Cyrhaeddais y Ffôr a methu darganfod y capel (er 'mod i, dwi'n cyfaddef, wedi derbyn cyfarwyddiadau manwl gan yr ysgrifenyddes). Roedd hi'n ganol gaea, a neb i'w weld yn unman. Edrychais yn nrych ôl fy nghar, a theimlo rhyddhad mawr o weld dyn main, tal iawn, yn mynd â'i gi bychan bach am dro. Arhosais iddo ddynesu at fy nghar, ac agorais y ffenest i ofyn oedd o'n gwybod lle roedd Capel Tyddynshôn.

'Mae o yn Nefyn. Tro i'r chwith wrth ymyl tafarn Bryncynan,' medda fo.

'Yn Nefyn?' ebychais mewn syndod. 'Ro'n i'n meddwl mai rwla'n y Ffôr o'dd o!'

''Run peth ydi ci a'i gynffon.' Dyna ddeudodd y dyn. Felly yn y tywyllwch, dilynais gyfarwyddyd arwyddbost wrth ochr y ffordd, a gyrru ar hyd y lôn wledig i Nefyn. Erbyn hynny, ro'n i chwarter awr yn hwyr a doedd gen i ddim rhif ffôn cyswllt i egluro 'mod i'n methu dod o hyd i 'nghynulleidfa.

Dyma droi i'r chwith yng nghylchfan Bryncynan, a gyrru am hydoedd, yn chwilio am gapel hefo golau tu mewn iddo fo. Welais i 'run! Felly, i dorri stori hir, hir yn fyr, penderfynais ddechrau curo drysau. Erbyn hynny, yn ddiarwybod i mi, ro'n i wedi cyrraedd Dinas (sydd, gyda llaw, yn bentre bychan gwledig yn hytrach na dinas).

Sais digon clên ddaeth at y drws cynta, ac wedi i mi ei holi am Gapel Tyddynshôn, mi ddeudodd yn ymddiheurol;

'I don't know anything about chapels. You'd better ask next door. She's in the family way, you know.'

Pendronais. Be oedd a wnelo'r ffaith fod y ddynes drws nesa am gael babi â gwybod rwbath am gapeli? Dim byd, o anghenrhaid, dyddia yma. Ta waeth. Curais ar y drws, ac mi agorodd hwnnw, a wir i chi, mi ddaeth 'na hogan landeg, siriol, ar fin esgor, i sefyll ar y rhiniog. Ymddangosodd ei gŵr hefyd, a'r ddau yn barod iawn i fy helpu – ond wydden nhw, chwaith, ddim byd am gapel Tyddynshôn, dim ond am eglwys oedd ar y chwith i fyny rhyw fryn. Diolchais i'r ddau, a chychwyn fel cath i gythraul yn y fagddu i chwilio am yr eglwys honno, gan obeithio mai capel oedd hi. Ond erbyn i mi ei darganfod, eglwys wedi ei throi yn dŷ oedd yno, dwi'n meddwl, a dim golwg o olau yn ei ffenestri.

Erbyn hynny, ro'n i dri chwarter awr yn hwyr, a bu bron iawn i mi ei throi hi am adra, yn ôl i Gaernarfon. Meddyliais yn siŵr y byddai pawb oedd yn aros amdana i wedi hen fynd adra.

Wrth droi unwaith yn rhagor tuag at Nefyn, penderfynais guro ar ddrws un tŷ arall. Y tro hwnnw, ro'n i'n lwcus. Doedd dim rhaid i mi gyflwyno fy hun na 'run dim, achos roedd dynas y tŷ yn fy nabod – a gwell fyth, dyma hi'n holi pam nad oeddwn i yng nghapel Tyddynshôn! Mi wyddai 'mod i i fod yno gan fod ei chwaer wedi sôn ei bod am fynd yno i wrando arna i'n sgwrsio. Erbyn hynny, a finna wedi eistedd ar y soffa am sbel er mwyn cael fy ngwynt ataf, ro'n i awr gron yn hwyr!

Dyma'r ddynas glên yn ffonio'i chwaer ar ei ffôn symudol. Erbyn deall, roedd pawb yn dal yn y capel yn aros amdana i, a'r gweinidog wedi dechra'u difyrru nhw yn fy lle. Roedd y gweinidog wedi trio fy ffonio fi ar fy ffôn symudol, erbyn dallt, ond doeddwn i ddim wedi tanio hwnnw ers tridia. Dim rhyfedd nad oedd neb byth yn fy ffonio, meddyliais!

Ffarweliais â'r ddynes glên, gyfeillgar, a 'nelu am y Ffôr

unwaith eto. Dilynais ei chyfarwyddiadau yn ddeddfol, ac ymhen hir a hwyr, mewn rhyw gornel ddi-nad-man, dois o hyd i gapel Tyddynshôn a'i oleuadau'n wincio arna i drwy'r tywyllwch.

Methais weld y drws, ond llwyddais i waldio ffenest a gweiddi 'Help! H-e-e-l-p!' dros y lle nes daeth y gweinidog allan yn syfrdan.

'Dewch mewn, dewch mewn!' medda fo'n groesawgar, a chamais dros y trothwy. Roedd y festri'n orlawn, a phan welodd y gynulleidfa fi, bonllefodd pawb: 'Hwrê! Ma' hi 'di cyrraedd!'

'Haleliwia!' medda finna dan fy ngwynt, a mynd ati i'w difyrru drwy adrodd y stori uchod am sut yr es i ar goll. Erbyn i mi orffen, roedd hi'n amser i mi 'i throi hi am adra ...

Ond cyn i mi fynd, gofynnwyd i mi ddarllen un bennod allan o 'nghyfrol *Melysgybolfa Mari*, gan mai dyna oedd pwrpas gwreiddiol fy ymweliad. Dewisais stori yn dwyn y teitl 'Y Fo', yn sôn am Jiorji, bwji siaradus a pharablus fy Anti Rini Jôs a fyddarodd drydanwr o Nefyn oedd wedi dod i dyddyn fy modryb i osod teledu newydd yno ym mhumdegau'r ganrif ddiwethaf.

Wedi i mi orffen y darlleniad, a diolch yn wresog i bawb am eu croeso a'u hamynedd, gofynnais, yn ôl yr arfer, a oedd rhywun awydd gofyn cwestiwn. Nid cwestiwn ges i, fel mae'n digwydd, ond stori ddiddorol gan neb llai na merch cyn-berchennog Jiorji'r bwji.

'Fy nhad werthodd Jiorji i'ch modryb,' meddai. 'Dwi'n 'i gofio fo'n iawn. Deryn bach llwyd-wyrdd oedd o.'

Cefais wybod bod dyn y lorri fara wedi galw yn nhyddyn Anti Rini Jôs ers talwm, a'i fod wedi curo ar y drws agored heb gael ateb, er iddo alw ar Rini sawl gwaith.

'Ma' Rini Jôs wedi mynd am bisiad ...' galwodd Jiorji yn ôl. Ŵyr neb a oedd y deryn bach yn deud y gwir ai peidio!

Noson i'r Brenin!

Weithia, mi fydda i'n darllen barddoniaeth neu ryddiaith yn uchel i Emrys, fy ngŵr, a fynta'n gwneud 'run fath i finna. Dwn i'm ydi hynna'n beth rhyfedd i'w wneud – eistedd fel 'Siôn a Siân o boptu'r tân' yn adrodd neu ddarllen i'r naill a'r llall. Falla fod yr arferiad hwnnw bellach wedi mynd yn hen ffasiwn (neu ella na fu o erioed yn y ffasiwn, pwy a ŵyr). I ni, mae o'n adloniant rhad ac am ddim. Yn aml iawn, darnau doniol fyddwn ni'n eu darllen, rhai sy'n peri i ni chwerthin dros y lle.

Un min nos niwlog, trymaidd o boeth, pan oedd y ddau ohonon ni wedi cael diferyn neu ddau o gwrw Mwnci Nel a Brenin Enlli i'w yfed, roedden ni'n eistedd ar y fainc yn nhop yr ardd gefn. Yno, cyn dechrau ar y darllen, mi ddechreuon ni ddifyrru'n gilydd drwy adrodd straeon roeddan ni wedi eu clywed y diwrnod hwnnw.

Hon oedd y stori ddeudodd Emrys wrtha i. Wrth ei waith fel tywysydd yn nhref Caernarfon oedd o, yn adrodd hanesion wrth griw o blant ysgol gynradd leol a'u hathrawon. Yn sydyn reit, gwirionodd un o'r hogia pan welodd alarch ar afon Seiont, a'i chywion yn ei dilyn. Gwaeddodd dros y lle ar ei athrawes; 'Miss! Miss! Ma'r *seagull* 'na 'di ca'l *puppies*!'

Stori am blant oedd gen inna i'w hadrodd wrth Emrys hefyd. Ro'n i wedi bod mewn ysgol gynradd y diwrnod hwnnw, yn adrodd a chymeriadu straeon ar lafar yn ogystal â chodi ymwybyddiaeth am ddarllen a llythrennedd. Rydw i weithia'n hyrwyddo llyfrau drwy actio cymeriad Strempan o lyfrau cyfresi Rala Rwdins gan Angharad Tomos, a'r diwrnod hwnnw ro'n i newydd ddarllen llyfr bach poblogaidd iawn ganddi sy'n dwyn y teitl *Y Bastai Wirioneddol Erchyll*. Roedd y plant i gyd wedi gwrando'n astud iawn, chwarae teg iddyn nhw, ac ar ddiwedd y sesiwn, mi ganon ni gân 'Strim-Stram-Strempan', sef un o ganeuon Mair Tomos Ifans (neb llai na'r Rala Rwdins wreiddiol). Ches i fawr o gyfle i gael fy ngwynt ataf cyn i un o'r hogia ofyn i mi; 'Strempan, newch chi ddarllan stori *Y Bastad Gwirioneddol Erchyll* i ni eto, plis!' Dwi'n cymryd mai cyfeirio at Cena Cnoi, ci dychrynllyd Strempan oedd o ...

Wedi hynny, dyfynnodd Emrys o'r gyfrol fechan *Englynion Piws*, ac mi chwarddon ni'n harti iawn ar ei hiwmor coch. Roedd gen inna lyfryn o farddoniaeth efo fi – un o'r llyfrau bach Barddoniaeth Boced Din, sef *Stompiadau Pod*. Dyma droi at hwnnw, a dechrau darllen ar lafar o gyfrol Arwel 'Pod' Roberts;

Un noson, breuddwydiais fy mod i
Yn bwyta marshmalo blas taffi
a hwnnw'n un mawr.
Pan ddeffrais mewn awr,
roedd fy mhulw fi wedi diflannu!

Yn sydyn iawn, yng nghanol holl rialtwch ein chwerthin a'n darllen aflafar (bob yn ail â swigio cwrw Mwnci Nel a Brenin Enlli), mi sobrais. Achos be welis i ar y môr rhwng Ynys Môn ac ochr Caernarfon o'r Fenai, ond rhyw fath o ... wel, wyddwn i ddim yn iawn be oedd o. Cwch, ella? Ond roedd o'n gwch rhyfedd ar y naw, ac yn debycach i ganŵ. Na, nid dyna oedd o chwaith ... Fedrwn i ddim rhoi fy mys ar be oedd o'n iawn, ac yn fy mhenbleth, tynnais sylw Emrys ato.

Bellach, allai o na finna ddim stopio rhythu ar y canŵ. Roedd Môn yn diflannu'n raddol o'n golwg y tu ôl i'r tarth lledrithiol oedd yn codi wrth i wres diwedd y dydd daro oerni'r culfor. Cyn bo hir, byddai'r awyr a'r môr yn un, a fyddai 'na ddim golwg o'r ynys o gwbwl. Roedd hi'n olygfa hudolus ryfeddol.

Rŵan, i egluro petha, rhaid i mi esbonio ein bod ni'n dau yn byw ar lethr uwchben afon Menai, ac wrth eistedd ar y fainc ym mhen draw'r ardd gefn, mae hi'n bosib gweld Môn rhwng talcen ein tŷ ni ac un y tŷ drws nesa, hyd yn oed fin nos drwy darth a gwyll. Fel arfer, bydd goleuadau mân yr ynys yn disgleirio drwy'r tywyllwch, ac roedd ambell un yn serennu arnon ni'n barod, er nad oedd hi'n nos dywyll o bell ffordd. Roedd hi'n dal yn bosib i ni weld y cwch rhyfedd, gan nad oedd o'n symud fawr.

'Be sy 'na, dŵad?' holodd fy ngŵr, gan ddal i graffu tua'r gorwel.

'Bad!' medda fi.

'Y? Be ti'n feddwl?'

'Bad y Brenin Arthur ydi o – saff i ti!' taerais.

'Paid â malu ca...' wfftiodd Emrys. Wedyn, craffodd ar y Fenai am hir, gan ddrachtio'n helaeth o'r botel Brenin Enlli, a chytuno efo fi fod y cwch, neu'r bad, yn un od ar y naw.

Yn ddisymwth, mi ges i fy ysbrydoli gan yr awyrgylch a'r cwch anarferol.

'Dwi'n deu'tha chdi, Ems,' medda fi, 'mae 'nacw 'run ffunud â'r bad hwnnw roedd T. Gwynn Jones yn 'i ddisgrifio yn 'i gerdd 'Ymadawiad Arthur'!'

'Dychmygu'r cwch 'nath hwnnw, siŵr. Dim un fel'na oedd o go iawn!'

'Ia, wn i, ond ro'dd o'n disgrifio'r Brenin Arthur mor dda, yn mynd i farw ac wedyn byw am byth ar Ynys Afallon lle na fydda fo'n heneiddio ...'

'Ew. Be oedd o am neud yno am byth, dŵad?'

'Sgwennu.'

'Sgwennu?'

'Ia. 'Chos o'dd 'na awen yn 'i daro fo'n fanno yn fwy na nunlla, a rhyw awch yn 'i gynnal o, a ...'

'Pwy o'dd Awen?'

'Yr awen – 'wsti, *muse*, 'de! Honno o'dd i fod i danio Arthur yn llawn o "anadl einioes" ein cenedl ni, a wedyn o'dd o'i fod i ddŵad yn 'i ôl o farw'n fyw, a'n hachub ni i gyd!'

'Ma' llun honno yn 'r Institiwt yn Dre.'

'Pwy?'

'Awen, de. ... Na'th Christopher Williams, arlunydd enwog o Faesteg, beintio'r llun 'ma o "Deffroad Cymru", do.'

'Do 'fyd. Dwi'n cofio rwbath ...'

'Biti bo' rhywun 'di rhoid sgriws drwyddi.'

'Sgriws?'

'Ro'th rhywun sgriws drw'r llun, do.'

'Taw! O! Am ofnadwy! Be, fandals o'dd 'di mynd i'r Institiwt yn unswydd i neud, 'lly?'

'Naci siŵr, y gloman wirion!' wfftiodd fy ngŵr, ' rhoi sgriws drwy'r llun i'w ddal o fyny naethon nhw, de?'

'Esgob!' ebychais, ond aeth Emrys yn ei flaen.

'Wedyn ddo'th y Lord 'na i Dre, do, a rhoid wâr iddyn nhw yn 'r Institiwt am falu llun enwog!'

'Pwy o'dd o? Dafydd Elis Thomas?'

'Be haru chdi, y gloman! Peter Lord oedd o, hwnnw sy 'di sgwennu am artistiaid Cymreig a ballu.'

'Dwi'n gwbod pwy 'di Peter Lord, siŵr. 'Sa ti 'di deud 'i enw fo'n iawn tro cynta, 'swn i 'di dallt, baswn!' brathais. Ond chymerodd fy ngŵr ddim sylw.

'Dyma fo'n rhoid wâr i Cownsilars Dre, de, am roid sgriws drw' Awen! A wedyn a'th o â'r llun awê efo fo, i gael i ll'nau a'i drwsio fo, ti'n dallt.'

'O. Ond mi ddoth â hi'n ôl, do, chwara teg,' medda fi, yn teimlo'n amddiffynnol o Peter Lord druan. 'Peth rhyfadd bo' ni'n dal i ga'l cadw'r llun yn Dre,' ystyriais.

'Fama mae fo i fod, ia!' taerodd y Cofi'n amddiffynnol. ''Sgin neb hawl i fynd â llun y fodan 'na o Institiwt Dre, siŵr!' (Mi fydd o'n siarad iaith Cofi fel'na pan fydd o wedi cynhyrfu'n arw.)

'Ems!' gwaeddais ar ei draws. 'Yli! Ma' cwch Arthur yn symud!'

Neidiodd fy ngŵr ar ei draed a syllu tua'r eigion. Erbyn hynny, roedd o wedi dechra llyncu fy stori i. A llyncu mwy fyth o'r Brenin Enlli. Ac yn wir, cwrw neu beidio, mi welson ni'n dau y bad yn arnofio'n ara deg iawn, iawn, ar donnau'r culfor i gyfeiriad y bar a'r môr mawr tu hwnt.

'Ty'laen!' medda Ems. 'Ma' Co' 'di cychwyn go iawn!'

Erbyn hynny, roedden ni'n dau wedi ein cyfareddu, wedi cefnu ar ein mainc yn nhop yr ardd ac yn cerdded yn frysiog tua'r glannau. Roedden ni hyd yn oed wedi cofio mynd â sbienddrych hefo ni, er mwyn craffu'n fanylach ar y bad bondigrybwyll a'r olygfa drawiadol oedd o'n blaenau.

Wrth ddynesu felly at y dŵr, a minnau dan ddylanwad yr awyrgylch ysblennydd, ymysg pethau eraill, yn ddiarwybod i mi ar y pryd, roeddwn i wedi drysu rhwng cerdd T. Gwynn Jones, 'Ymadawiad Arthur' a'i gampwaith arall, sef y gerdd 'Madog'. Yn ardal y Bala wrth droed yr Aran ar lan llyn Tegid y digwyddodd stori Arthur, yn ôl y sôn – a stori Madog sy'n gysylltiedig â'r Fenai. Ond roeddwn i'n dyfynnu darnau o'r naill, gan feddwl mai disgrifio'r llall roeddwn i. Ond ta waeth am hynny, ma' raid 'mod i'n adrodd yn eitha effeithiol achos doedd Emrys ddim i'w weld fymryn callach, ac roedd y ddwy gerdd hyglod, o'u cymysgu hefo'i gilydd, yn gybolfa, yn cyfoethogi ein hantur wefreiddiol ni'n dau!

Tra oedden ni'n rhythu ar y bad, oedd yn ymddangos fel boncyff anferth o'n safle ni ar y lan – fel un o gychod traddodiadol Indiaid brodorol Gogledd America ers talwm, wedi ei wneud o goeden gyfan – dyma fi'n adrodd yn dawel ddramatig yng nghlust Emrys;

'Wylai cyfeiliorn awelig yn llesg yn yr hesg a'r llwyni,
Nos, dros y bryniau dynesai, dydd, ymbellhai dros y don;
Mwyn ydoedd glannau Menai, a'r aur ar Eryri yn pylu,
Su drwy goedydd Caer Seon, Môn yn freuddwydiol a mud ...

Draw, yn y gwyll, a geid rhywun? Ai rhith oedd yn rhythu yno? ...'

''Glwy'!' ebychodd Emrys, oedd yn ymddangos yn sigledig a dan deimlad mawr. 'Pasia'r binocs 'na eto!'

Cythrodd am y sbienddrych cyn i mi fedru ei roi iddo fo, a

rhythu drwyddo ar y bad am hydoedd, gan ebychu mewn syndod bob hyn a hyn.

'Be ti'n weld?' holais.

'M... Ma' 'na ddau yn y cwch, yn ista fel delwa ...'

'Nagoes!'

'Oes!' taerodd Emrys.

'Ydyn nhw'n fyw?'

'Ma' nhw fel *statues* – 'fatha manicins mewn ffenast siop!'

A wir i chi, o'n blaenau ni ar y dyfroedd tawel yn y fan hudolus honno, gallwn innau dystio wrth edrych drwy'r sbienddrych fod bad gwahanol iawn ei olwg ar y Fenai, un a gludai ddau lonydd o'i fewn.

'Y Brenin Arthur a Bedwyr ydyn nhw, saff ti!' meddwn gydag arddeliad, fy nychymyg yn drên, chwedl T.H. Parry-Williams. 'Maen nhw'n 'nelu am Afallon!'

'Callia!' medda Emrys. 'Mynd am Sir Fôn am beint maen nhw, siŵr ...!'

Yn sydyn, rhewodd Emrys, a finna i'w ganlyn, achos o'r tu ôl i ni, o'r coed a'r perthi, drwy'r niwl a'r gwyll, daeth rhyw sŵn annisgwyl, fel sŵn traed rhywrai'n agosáu.

'Hisht!' sibrydais, gan deimlo fel petai fy nghalon yn fy ngheg. 'Pwy sy 'na, dŵad?'

'Myrddin Ddewin ma' siŵr, tasa fo'n ca'l hannar tshians!' atebodd Emrys yn goeglyd.

'Ma' siŵr 'i fod o 'di dŵad â Twm Morys a'i drên bach sgwarnogod efo fo!' medda finna. 'Clyw twrw sy'n dŵad o'r coed 'na!'

Ddeudodd yr un ohonon ni air wedyn, dim ond gwrando. Ymhen hir a hwyr, mentrodd Ems ofyn, 'Ti'm yn coelio go iawn bod ...'

'Hisht! Taw!' sibrydais ar ei draws, gan ddal i glustfeinio.

A wir i chi, drwy drwch y goedlan gerllaw, roedd rhywrai'n dynesu, ac wrth i ni godi'n clustiau eilwaith, mi glywson ni eu lleisiau nhw'n canu! Alaw werin bersain? Neu gân ar gynghanedd? Nage, dim o gwbwl. Be glywson ni oedd bloedd floesg, a rhywrai'n llafarganu drwy goed a thros leiniau – o hirbell, trwy'r niwl oedd bellach mor drwchus â sŵp-pys Nain.

'Sacsoniaid!' ebychodd fy ngŵr.

'Hisht!' medda fi eto. 'Be maen nhw'n ganu?'

Dyma glustfeinio eto.

'*Here we go, here we go, here we go!*'

Sylweddolais mai criw o lanciau chwil a swnllyd, ac amhersain iawn, oedd yno, ar eu ffordd adra o gêm bêl-droed. Ac wn i ddim p'un ai Cymry 'ta Saeson oedden nhw, ond gyda'u hymddangosiad diflannodd awyrgylch lesmeiriol y noson. Erbyn i ni droi i syllu am y tro olaf ar y bad, roedd cwrlid o niwl trwchus yn gorchuddio Menai a Môn, a dim golwg o Arthur yn 'madael i unman.

... fel drychiolaeth,

Yn y niwl diflannu a wnaeth.

Pwy a ŵyr ydi o'n dal i lechu ac yn aros ei gyfle ar ein glannau ...

Aeth Emrys a finna i'r tŷ am goffi i'n sobri. Drannoeth, aethom i holi peilot y culfor a gwarchodwyr y Fenai'n ddyfal be oedd hynt a helynt y bad a'r ddau oedd o'i fewn, ond doedd neb arall wedi gweld lliw na llun o'r cwch lledrithiol na'i gargo y noson cynt. Neb. Dim ond ni'n dau, cyn iddi fynd yn '*here we go*' arnon ni.

Y Swyddog Tân

Sgrechiodd y larwm tân nes bod y bwrdd bach wrth ochr fy ngwely'n crynu ac yn taro yn erbyn y ffrâm fetel gan achosi twrw gwaeth na'r larwm. Codais ar fy eistedd yn syth bìn, gan aros am alwad y Swyddog Tân i'n hebrwng ni i gyd allan o'r neuadd yn gyfan gwbwl. Rhyfedd. Doedd 'na ddim ogla mwg, chwaith. Edrychais ar y cloc. O, na – hanner awr wedi pedwar y bore! Lle gebyst oedd y Swyddog Tân? Roedd y gloch yn dal i hollti 'mhen a 'myddaru.

Yn sydyn, fferrodd fy ngwaed. Sylweddolais na fyddai neb yn dod i fy hebrwng i nag unrhyw un arall allan o'r argyfwng erchyll. Achos fi, a dim ond y fi, oedd Swyddog Tân ein llawr ni yn y neuadd breswyl y tymor colegol hwnnw. Felly, fy nghyfrifoldeb i, neb llai, oedd codi, waldio drysau, a gweiddi.

'Tân! Argyfwng! Pawb allan! Dowch! Pawb i lawr y grisia ac allan ar y lawnt – cym on!!' Wedyn, roedd gofyn i mi ail-ddweud y cwbwl lot eto, yn Saesneg ac yn y Gymraeg bob yn ail.

Cythrais am fy sgidiau cerdded solet, a sodro 'nhraed ynddyn nhw. Yn fy mhyjamas, cipiais y clipfwrdd oddi ar y silff lyfrau: ar hwnnw roedd enwau pob un copa walltog ro'n i i fod i roi tic wrth eu henwau pan oeddan nhw wedi mynd allan yn ddiogel. Rhuthrais allan i'r coridorau a dechra waldio drysau, gweiddi a thicio, fel 'tasa 'na ddim fory. Hyd y gwyddwn i ar y pryd, ella na fasan ni'n gweld unrhyw fory!

Ro'n i wedi cymryd y cyfrifoldeb hwn o ddifri. Bob nos yn fy ngwely, byddwn yn darllen y *drill* tân – rhag ofn – ond feddyliais i erioed y byswn i'n gorfod gweithredu'r rheolau go iawn. Roedd y cyfan mor afreal rywsut, a rhyfeddod i mi oedd 'mod i wedi cael fy mhenodi i'r fath swydd yn y lle cyntaf. Mae'n siŵr nad oedd 'run o'r myfyrwyr eraill isio'r cyfrifoldeb – ac ar ben hynny, ro'n i'n fyfyriwr Drama efo taran o lais.

Beth bynnag, ro'n i wedi llwyddo i gael pawb, yn hanner pan

rhwng cwsg ac effro ac yn eu dillad nos, i gyd allan ar y lawnt, yn unol â'r rheolau tân. Ro'n i ar fin gofyn i rywun lle oedd y tân pan achubwyd y blaen arna i, a dechreuodd y lleill fy holi ynglŷn â'r peth. Doedd gen i'm clem, wrth gwrs, ac yn ddistaw bach, ro'n i'n amau'n gryf nad oedd tân o gwbwl. Mae'n rhaid mai ymarfer tân oedd hwn felly. Neu – gwaeth – fod rhywun yn chwarae tric!

Ar hynny, wrth i bawb ddechrau grwgnach bod Coleg y Brifysgol, Bangor, wedi dewis cynnal y fath ymarfer yn yr oriau mân yn lle gefn dydd golau, ymddangosodd drychiolaeth o'n blaenau: Ladi Wen mewn cyrlyrs! Hon oedd Warden University Hall, yn dal i wisgo'i phinnau cyrlio gwallt, a'i gŵn nos hir a'i chôt wau wen yn gwneud iddi ymdebygu i ryw adyn arallfydol yn ymddangos o'r cysgodion. Sgin i ddim co' be oedd ei henw hi, ond Saesnes syber oedd hi, achos doedd University Hall ddim wedi troi i fod yn Neuadd Gymraeg J.M.J. bryd hynny, ac roedd trigolion y neuadd yn fy nghyfnod i yn gybolfa o ferchaid o bob cwr o Brydain a thu hwnt, a chnegwerth o Gymry Cymraeg yn eu canol nhw. Doedd 'na 'run dyn yn ein mysg ni, ysywaeth.

Beth bynnag am hynny, martsiodd y Warden tuag atom, er mawr ryddhad i mi, achos ro'n i'n meddwl yn siŵr y bysan ni'n cael eglurhad ganddi am y tân. Ond chafon ni 'run. Yn hytrach, mi fynnodd hi gael un gen i! Ro'n i'n gegrwth, ac yn fwy yn y niwl na neb er gwaetha'r ffaith bod y wawr ar dorri.

Yr unig esboniad y gallwn i ei roi iddi oedd bod y gloch dân wedi sgrechian canu yn fy nghlust i, a 'mod inna, yn rhinwedd fy swydd fel Swyddog Tân, wedi rhuthro o 'ngwely a hel pawb allan, yn unol â rheolau'r swydd gyfrifol honno.

Gofynnodd y Ladi Wen i'r lleill a oedd un ohonyn nhw wedi clywed y gloch. Ac ar ôl edrych ar ei gilydd, a heb ymgynghori hyd yn oed, cytunodd pawb na chlywodd neb mohoni o gwbwl: dim cloch na thincl na thonc (na 'run tic-toc hyd yn oed). Anesmwythais. Roedd y genod i gyd erbyn hynny yn rhythu arna i fel gyr o wartheg busneslyd oedd isio gwybod pwy oedd yn tresmasu yn eu cae nhw.

Mi es i'n oer drostaf wrth sylweddoli 'mod i wedi gwneud andros o smonach. Yn amlwg, doedd 'na ddim tân, a doedd 'na ddim *drill*, a chanodd y gloch ddim o gwbwl. Mae'n rhaid 'mod i wedi cael hunllef, a dychmygu'r holl sŵn aflafar! Doedd gen i ddim dewis ond ymddiheuro'n llaes, a'i throi hi'n ôl am fy ngwely fel pawb arall oedd bellach (diolch byth!) wedi gweld ochr ddoniol y digwyddiad anffodus.

Yr unig un negyddol oedd y Ladi Wen yn ei chyrlyrs. Mi ges i ffrae gofiadwy gan honno (dim rhyfedd na fedrwn i gofio'i henw hi byth wedyn), ac i goroni'r cwbwl, cael fy *demotio* o fod yn Swyddog Tân ganddi. Bu'n rhaid i mi roi'r clipfwrdd swyddogol yn ôl i Ladi yn y fan a'r lle, yn teimlo'n rêl llo cors a deud y lleia. Aeth pawb yn ôl i'w stafelloedd, a dyna fu. Roedd yr antur drosodd ... i bawb arall, ella. Ond megis dechra oedd f'un i.

Pan gyrhaeddais fy stafell, roedd hi'n dawel fel y bedd, felly es yn ôl i 'ngwely i g'nesu, gan 'mod i wedi oeri a 'nhraed i fel cerrig. Chwinciad fûm i yno, achos fel ro'n i'n rhoi fy mhen i lawr i gysgu, clywais andros o dwrw. Y cloc larwm ar y bwrdd bach wrth ymyl fy ngwely oedd yn sgrechian yn fy nghlust i. Edrychais yn hurt arno, a methu'n glir â chofio pam ro'n i wedi ei osod i ganu mor gynnar. Ar amrantiad, cofiais y cwbwl.

Y noson cynt, ro'n i wedi gosod horwth o gloc larwm mawr, hefo dwy gloch fel dwy glust un bob ochr iddo fo, i mewn yn y bin sbwriel metel o dan y bwrdd bach. Mi ganodd am hanner awr wedi pedwar, nes sgrytiodd y bin, y bwrdd a ffrâm y gwely. Dyna pryd y codais, a mynd i ddeffro pawb arall, gan gamgymryd y drwst felltigedig am sŵn larwm tân. Ro'n i hefyd wedi gosod yr ail gloc i ganu, rhag ofn na fyddai'r cyntaf yn fy neffro.

Fferrodd fy ngwaed unwaith yn rhagor pan gofiais yn union pam ro'n i wedi gosod y ddau gloc. Am fynd i Lerpwl ben bora hefo Adran Ddrama'r Coleg ro'n i, i weld perfformiad pnawn o *A Midsummer Night's Dream* yn y Liverpool Playhouse. Heb folchi, tarais fy nillad amdanaf dros y 'jamas, a chythru am y drws. Diolch byth, doeddwn i ddim yn hwyr – dim ond yn flinedig ar ôl holl rialtwch y nos!

Byr fy ngolwg ar lwyfannau

Dwi'n casáu gwisgo sbectol wrth actio. Cefais fy ngeni yn fyr fy ngolwg, ond wnaeth neb sylwi nes 'mod i tua naw oed. Erbyn hynny, ro'n i wedi arfer bod heb sbectol, a thrwy gydol fy nghyfnod yn yr ysgol gynradd, gwrthodwn ei gwisgo – er na fedrwn i weld yn glir hebddi. Ond yn yr ysgol uwchradd, roedd yn rhaid i mi ei diodda hi ar fy nhrwyn yn barhaol am fod fy ngolwg i wedi dirywio. Yn fanno, sef Ysgol Dyffryn Nantlle, Penygroes, y dechreuais actio ar lwyfan o ddifri. A chan fy mod i wedi hen arfer bod heb sbectol drwy gydol fy mhlentyndod cynnar, byddwn yn gwrthod ei gwisgo mewn dramâu ysgol uwchradd am fod yn well gen i beidio â gweld y gynulleidfa oherwydd nerfusrwydd. Hefyd, darganfyddais 'mod i'n gallu amseru fy llinellau doniol yn well wrth berfformio'n hanner dall gan 'mod i'n gallu clustfeinio mwy ar y rhythmau rhwng chwerthin y gynulleidfa a fy leins innau. Ond roedd – ac mae – pris i'w dalu am hyn, sef 'mod i wedi cael mwy na fy siâr o droeon trwstan ar lwyfannau!

Un o'r cyntaf a ddaeth i'm rhan oedd y tro hwnnw ym Maesteg pan oedd Cwmni Theatr Cymru yn teithio'r pantomeim *Madog*, y panto cyntaf i mi erioed berfformio ynddo, a finna'n chwarae rhan Leusa'r Forwyn. Roedd Neuadd y Glowyr dan ei sang – yn llawn rhieni, athrawon a phlant – a ninnau, yn ôl yr hen draddodiad, wedi cael croeso penigamp cyn perfformio, a digonedd o de, brechdanau samwn a phice ar y maen, nes oedd ein boliau bron â byrstio. Beth bynnag am hynny, ar ganol y perfformiad, roedd gofyn i mi, sef Leusa'r Forwyn Fach, chwarae tric ar y cymeriadau eraill drwy smalio bod gen i gi gwyllt o'r enw Mad Dog yn cuddio tu ôl i'r llwyfan, a'i fod o ar dennyn (sef yn sownd mewn rhaff fawr). Roedd y cymeriadau eraill ar y llwyfan wedyn yn chwilfrydig isio'i weld o, achos erbyn hynny roedd sŵn chwyrnu mawr i'w glywed dros y lle. Roedden nhw'n gorfod tynnu rhaff er mwyn llusgo'r 'ci anferth' ar y llwyfan ac i'r golwg. Y tric oedd 'mod i yn eu gadael nhw i gyd yn chwys diferol yn halio'r rhaff, yn troi ar fy sawdl gan chwerthin am eu pennau, a wedyn diflannu i ochr y llwyfan. Yna, roedd yn rhaid i mi groesi cefn y llwyfan heb i neb fy ngweld i, wedyn ymddangos yr ochr arall, tu ôl i'r actorion chwyslyd, a gweiddi arnyn nhw;

'Bw! Ha-ha! Does 'na'm ci yna o gwbwl. Dwn i'm pam dach chi'n tynnu'r rhaff 'na!'

Ond y noson honno, dyma'r chwarae'n troi'n chwerw. Yn Neuadd y Glowyr, am ryw reswm, allwn i ddim croesi tu ôl i'r gefnlen, felly roedd yn rhaid i mi redeg nerth fy nhraed i lawr grisiau yr ochr dde i'r llwyfan, croesi o dan y llwyfan cyn dringo i fyny'r grisiau ar y chwith cyn cwblhau'r tric. Yn anffodus, mi es i ar goll o dan y llwyfan – am 'mod i'n fyr fy ngolwg, ac wedi cymryd y troad anghywir. Yn lle dringo'r grisiau, mi ddarganfyddais (er i mi ymarfer y croesiad sawl gwaith cyn y sioe) 'mod i yn lle chwech y dynion! Yn fy mhanic, fedrwn i ddim cofio sut i gyrraedd y llwyfan, felly dechreuais weiddi a sgrechian 'H-e-e-e-e-elp!' drosodd a throsodd ar dop fy llais nes clywodd Dafydd Arthur (y Rheolwr Llwyfan) fi, a dod i f'achub! Dyma fo'n fy arwain i ar y llwyfan, a phan gyrhaeddais yr actorion chwyslyd oedd yn dal i fustachu a thynnu yn y rhaff yn ofer ers hydoedd, mi besychais. Roedd y trueiniaid druan yn llafurio i greu sgyrsiau byrfyfyr i ddiddanu'r gynulleidfa (nad oedd yn ynwybodol o'r trafferthion), ac roeddan nhw'n cael hwyl arni hefyd os cofia i'n iawn, gan fod Gari Williams yn eu mysg nhw. Wnaethon nhw ddim clywed fy mhesychiad cynta, felly mi waeddais dros y lle;

'Hei! Dwi'n ôl!'

Trodd pawb i edrych yn syn arna i, cyn i'r cast a'r criw llwyfan i gyd ofyn fel un côr, 'Lle gythral ti 'di bod?'

'Ar goll dan y stêj heb sbectol!' meddwn inna, yn ddigon gonest a diniwed.

Mynnodd Gari 'mod i'n adrodd yr holl stori ar goedd, a chafodd pawb hwyl iach a difalais am fy mhen (gan gynnwys y gynulleidfa, oedd erbyn hynny wedi cael eu rhoi ar ben ffordd ac yn hen ddeall bod 'na greisis dirgel newydd ddigwydd dan eu trwynau). Diolch byth mai mewn pantomeim ro'n i, achos mae digwyddiadau hwyliog ac annisgwyl fel'na bron â bod yn dderbyniol mewn cynyrchiadau o'r fath, dim ond i chi eu hegluro nhw a'u rhannu nhw efo'r gynulleidfa. Wedi'r cyfan, cafodd rhagflaenydd ein pantomeimiau traddodiadol ni, y *Commedia dell'arte* Eidalaidd, ei seilio ar berfformio golygfeydd byrfyfyr. Gorau oll os oedd 'na ddarnau doniol (*scenarios*) yn cael eu creu yn y fan a'r lle dan drwynau'r cynulleidfaoedd. Dyna lle daeth y traddodiad o gael comedïwr stand-yp mewn perfformiadau o'r fath, debyg. Mae'r rheiny'n giamstars ar ddifyrru'n fyrfyfyr, fel yr hen Gyfarwydd neu'r storïwyr Cymreig a ddifyrrai'n huchelwyr ni.

Ta waeth, ar ôl anffawd Maesteg, mi aethon ni i gyd i Lanelli i berfformio *Madog* yn fanno. Penderfynais fynd i weld optegydd yn y dre honno er mwyn cael prawf llygaid, a phrynais ffrâm sbectol fawr amryliw yno – un a fyddai'n gweddu i bantomeim.

Ymhen rhai wythnosau, erbyn i daith panto *Madog* gyrraedd Bangor unwaith eto, roedd fy sbectol amryliw newydd innau wedi cyrraedd adref, gan fod optegydd Llanelli wedi ei phostio i mi. Gwisgais hi yn ystod un perfformiad yn Theatr Gwynedd, ond doedd hi ddim yn gweddu i wisg draddodiadol Leusa'r Forwyn, gan ei bod hi'n llawer rhy fodern a llachar. Felly mi fu'n rhaid i mi orffen taith y panto hwnnw yn hanner dall a dwl wedi'r cwbwl!

Yn llawer diweddarach, penderfynais gael *contact lenses*. Roeddan nhw yn y ffasiwn, a phawb o'r genod, a rhai o'r dynion hefyd (yn enwedig y rhai fyddai'n arfer gwisgo sbectols gwydra gwaelod-pot-jam) yn mynd amdanyn nhw'n syth. Rhyw bethau digon anodd i'w gwisgo oedd y *contacts* ar y dechra, achos petha plastig caled oeddan nhw, tebyg i ewin eich bys bach. A chan fod rhywun yn fyr ei olwg wrth drio'u rhoi nhw i mewn beth bynnag, roedd 'na bethau digon anffortunus yn gallu digwydd, fel rhoi dwy yn un lygad mewn camgymeriad, er enghraifft, a methu'n glir â dallt pam fod pobman ar sgi-wiff.

Roedd un anfantais fawr o wisgo'r hen fath o *contacts* ar lwyfan ers talwm: petai rhywun yn agor ei lygaid yn rhy fawr a'u symud nhw'n sydyn i'r ochr ar yr un pryd – wrth fod yn or-ddramatig, er enghraifft – gallai'r lensys saethu allan ar ganol sioe. Digwyddodd hynny sawl gwaith i mi mewn pantomeimiau a sioeau plant, achos arddull actio gor-ddramatig sydd i'r rheiny beth bynnag, a byddwn yn gorfod prynu rhai newydd o hyd ac o hyd. Dwi'n cofio stopio perfformio ar ganol rhyw gomedi i fynd i chwilio am *contact lens* sbonciodd allan o fy llygad ar lwyfan Theatr y Sherman, Caerdydd, a phawb yn syfrdan. Mi roedd hynny'n beth anfaddeuol o amhroffesiynol i'w wneud, mi wn, ond fel yr eglurais i'r gynulleidfa'r noson honno, fedrwn i'm fforddio prynu dim mwy o'r petha felltith, yn enwedig a finna newydd golli dwy wythnos ynghynt yn Theatr Ardudwy, Harlech. Aeth y tacla rheiny, drwy ddamwain, i ganlyn dŵr y tap yn sinc un o'r stafelloedd gwisgo!

Felly, ymhen fawr o dro, daeth yn amlwg ei bod hi'n llawer mwy ymarferol i mi barhau i ymddangos ar lwyfannau heb na lensys na sbectol. A beth bynnag, gan amlaf, doedd sbectol ddim yn mynd hefo gwisg y cymeriad y byddwn yn ei bortreadu, ac ro'n inna'n falch o gael esgus i beidio'u gwisgo.

Yr anffawd mwya hurt ges i ar lwyfan oedd ar ddiwedd perfformiad Saesneg o *Under Milk Wood* gan Dylan Thomas. Roedd y perfformiadau wedi bod yn llwyddiant mawr yn Theatr Emlyn Williams, theatr fechan o fewn Theatr Clwyd yn yr Wyddgrug. Roedd Phil Clark, y cyfarwyddwr, wedi gofyn i mi cyn dechrau'r perfformiad;

'Mari, *can you lead the curtain-call tonight?*'

'*You're pulling my leg!*' medda fi. '*I'm too short sighted to lead anyone off stage, let alone the whole cast!*'

Chwerthin wnaeth Phil, a deud, '*Oh, go on – just do it!*'

Wedi derbyn y gorchymyn hwnnw i arwain pawb yn drefnus oddi ar y llwyfan reit ar ddiwedd y sioe ar ôl inni i gyd fowio sawl gwaith, i ffwrdd â fi, a phawb arall yn fy nilyn. Yn anffodus, bryd hynny roedd wal gefn y theatr yn ddu, a llenni duon o flaen y wal. I adael y llwyfan, roedd yn rhaid i bawb fynd rhwng y llenni. Yn amlwg, mi fethais weld y gwahaniaeth, ac mi gerddais yn dalog yn syth i mewn i'r wal, a hynny'n anffodus o fewn golwg y gynulleidfa. Doedd y ffaith 'mod i wedi gwneud hynny ddim yn syndod o gwbwl, ond be syfrdanodd fi oedd bod yr actorion eraill i gyd – bob un ohonyn nhw – wedi fy nilyn i fel defaid yng ngolau egwan diwedd y sioe, ar eu pennau i'r wal nes roeddan ni i gyd yn un clwstwr dryslyd yn ymbalfalu ar draws ein gilydd am allanfa ynghanol yr holl ddüwch! O leia mi gawsom ni fonllefau o chwerthin a chymeradwyaeth gan gynulleidfa wresog iawn. Diolch byth am eu synnwyr digrifwch nhw. A diolch yn gyffredinol am synnwyr digrifwch, petai'n dod i hynny. Mae'n nodwedd amhrisiadwy.

Argyfyngau efo anifeiliaid anystywallt

Mi ges i fy argyfwng cynta erioed pan o'n i'n marchogaeth Gwenno, ein gast anwes fach ni. Rhyw ddwy oed o'n i ar y pryd, ac mi aeth hi am dro go chwim o gwmpas yr ardd a finna ar ei chefn hi, yn gafael yn dynn yn ei chôt. Ond pan gyrhaeddodd Gwenno dop rhyw risiau llechi, mi safodd yn stond – er mwyn fy arbed i rhag disgyn, am wn i. Roedd hi'n ast mewn gwth o oedran ac yn gall a deallus, ac wedi hen arfer fy nghario ar ei chefn a synhwyro peryglon gwneud peth o'r fath. Ond yn anffodus, mi stopiodd hi'n rhy sydyn. Drybowndiais inna dros ei phen a bownsio i lawr y llechi o un i un, i'r gwaelod isa. Roedd y trip hwnnw yn un digon diddorol yn fy marn ddwyflwydd i, er i mi orfod gweld meddyg, ac i'r godwm adael tolc yn fy nhalcen.

Wedyn, pan o'n i tua chwech oed, mi ges i dro annisgwyl tra o'n i'n chwilio am dylwyth teg ym mhen pella'r ardd. Ro'n i newydd fod yn darllen *Anturiaethau Pitar Picsi* gan Elizabeth Watkin-Jones, stori oedd wedi tanio fy nychymyg, ac yn syllu a synfyfyrio'n dawel yn y gwair hir a'r brwgaij rhag ofn i Pitar Picsi neu un o'i ffrindiau ymddangos. Welais i ddim byd anghyfarwydd am hir, hir iawn … yna, yn sydyn, mi glywais i rwbath! Daeth yn nes ac yn nes …

Ro'n i'n llawn cynnwrf wrth feddwl bod Pitar Picsi wrth f'ymyl i'n rwla – a phan glywais sŵn crensian a llarpio, mi es i lawr ar fy ngliniau a chraffu i'r gwair. Clustfeiniais yn llonydd fel delw am hir iawn, iawn. A do, mi ddaeth o i'r golwg yn y diwedd – ond nid Pitar Picsi oedd o, ond clamp o ddraenog tew ar ganol sglaffio malwan! Ches i mo fy siomi o gwbwl, achos roedd gweld y creadur pigog reit wrth fy nhraed yr un mor wefreiddiol â gweld y tylwyth teg eu hunain.

Wrth reswm, doedd 'na ddim anifeiliaid byw yn yr ysgol uwchradd, dim ond rhai wedi'u stwffio mewn casys gwydr yn labordy Mrs Roberts Beiol; ond yng ngardd gefn un tŷ teras wrth ymyl yr ysgol, sylwais un diwrnod fod yr hen ast dew yr arferwn ei chyfarch a'i hanwesu rhwng bariau'r giât wedi cael hanner dwsin o gŵn bach, y rhai delaf ac anwylaf i mi eu gweld erioed. Mi dreuliais bron i awr ginio gron gyfan yn eu cosi a'u hanwesu nhw rhwng bariau'r giât. Wnes i ddim ystyried faint o'r gloch oedd hi – ar fy ffordd yn ôl o Siop Gloch ar ôl prynu dwy owns o *midget gems* ar ddechrau'r awr ginio o'n i – ond yn sydyn, sylweddolais 'mod i'n hwyr! Rhuthrais i fyny'r allt a saethu i mewn i'r stafell arlunio jest fel roedd pawb arall yn eistedd i ddylunio a *quiet scene with flowers*. (Yn Saesneg roeddan ni i fod i gael gwersi ers talwm, ond mi fyddai'r rhan fwya o'n hathrawon ni'n siarad Cymraeg, a dim ond y sgwennu oedd yn Saesneg.)

'Lle ti 'di bod?' gofynnodd Mr Davies Art.

'Siop Gloch,' medda fi. 'Sori bo' fi'n hwyr. 'Sach chi'n lecio *midget gem*?'

'Dos â'r rheina o'ma!' gorchmynnodd fy athro celf.

'Be, y *midget gems*?' holais yn syn.

'Naci siŵr ... *rheina*!' meddai, gan bwyntio at y chwe chi bach oedd yn aros amdana i wrth ddrws agored y dosbarth. Roedd y tacla wedi medru dianc o dan y giât a fy nilyn i i'r ysgol – ac achosi miri yn y dosbarth celf am fod pawb isio'u mwytho nhw. Dwi'm yn amau bod y chwe chi bach wedi meirioli tymer Mr Davies Art hefyd, achos y pnawn hwnnw yn Ysgol Dyffryn Nantlle, mi aeth y *quiet scene with flowers* i ebargofiant yng nghanol y miri mawr!

Un tro, flynyddoedd yn ddiweddarach, aeth Emrys fy ngŵr a finna i aros ger Arles yn Ffrainc – yn bennaf am 'mod i isio troedio llwybrau'r arlunydd Van Gogh gan fy mod yn hoff iawn o'i luniau trawiadol ac unigryw o'r tirwedd yno. Honnodd fod golau'r haul mor bur yn y rhan honno o Ewrop nes bod y tir o'i gwmpas yn pefrio mewn lliwiau anhygoel o lachar. Ro'n i isio gweld hynny drosof fi fy hun – a ches i mo fy siomi.

Tydi Arles ddim ymhell o'r Camargue, yr ardal sy'n enwog am stalwyni gwynion, teirw duon, caeau reis coch a gwinllannau gwych. Mae yno hefyd fywyd gwyllt unigryw, sy'n cynnwys fflamingos pinc a baeddod bach duon rhyfeddol. Felly, mewn cwt ynghanol nunlla yr arhoson ni'n dau, mewn parc gwyliau dafliad carreg o Arles ac o fewn ffiniau'r Camargue.

Deffroais yn sydyn yn y bore bach cyntaf hwnnw i sŵn rhochian rhyfeddol. Wedi i mi gynefino hefo deffro mewn cwt yn hytrach na gwesty, es ar flaenau 'nhraed i chwilio am fy ngŵr, oedd wedi codi o fy mlaen i (mae'n rhaid bod y rhochian wedi ei ddeffro yntau).

'Ma' nhw yma, sti,' sibrydodd Emrys.

'Pwy?' holais.

'Y baeddod gwyllt! Glywi di nhw?'

'Ewadd! Dyna sy 'na, ia?' rhyfeddais, gan glustfeinio. Yn sydyn, dyma'r sŵn rhochian yn dechrau eto, yn ysbeidiol i ddechrau, wedyn yn gyson a gwyllt.

'Reit,' medda Ems, 'dwi'n mynd allan i'w gweld nhw!'

'Na!' protestiais. 'Paid â'u dychryn nhw!'

'Hy!' wfftiodd Emrys, y Cofi Dre sy wastad yn barod i herio, 'mi chwyrnon *nhw* ddigon arna *i*, do?'

Yn ara bach, agorodd Emrys ddrws y caban, ac edrych i gyfeiriad y sŵn. Doedd dim golwg o'r moch gwyllt yn unman, a phan sylweddolodd fy ngŵr be oedd yn gwneud y fath dwrw, mi wylltiodd yn fwy byth.

'Y diawlad!' gwaeddodd.

'Taw! Mi ddeffri di bawb yn yr holl gytia 'ma!'

'Yli be sy'n gneud y twrw!' amneidiodd.

'Baedd gwyllt ... ia?' holais yn obeithiol.

'Naci!' ebychodd Emrys yn swta. 'Y blydi sbrinclars sy'n cadw'r lawnt rhag crasu yn yr haul!'

Chwarddodd y ddau ohonon ni wrth sylweddoli ein camgymeriad gwirion. Yna, wrth i belydrau'r haul ymddangos heibio'r toeau a tharo'u goleuni ar ein cwt bach ni, sylwais ar rywbeth hollol ryfeddol – roedd ein caban yn un plastar o lyffantod coed bychain gwyrdd na welais i erioed mo'u tebyg o'r blaen.

Yn anffodus, welon ni 'run baedd gwyllt yn y Camargue yn ystod y gwyliau hwnnw, ond mae ein hatgofion o'r llyffantod yn gorchuddio'r cwt, fel sawl golygfa arall o Arles a'i chyffiniau, yn parhau hefo ni, i'w cofio, eu disgrifio a'u trysori.

Y wefr a'r fraint fwya i mi ei phrofi erioed yng nghwmni anifail oedd y tro hwnnw pan fynnodd babi *chimpanzee* blwydd oed mai fi oedd ei fam o – am ddiwrnod cyfa! Roedd mam go iawn y mwnci bach wedi cefnu arno. Mwncïod hysbysebion te ar y teledu oedd ei rieni na chafon nhw gyfle i fyw yn y gwyllt o gwbwl, na chael eu magu gan eu rhieni eu hunain. Felly, pan aned y bychan, wydden nhw ddim sut oedd gofalu amdano. Cafodd ei wrthod, a bu ei fam yn ei frathu'n ddidrugaredd. Dim rhyfedd felly iddo fo droi ata i!

Ffilmio yn yr awyr agored ym Mharc Pensgynor, heb fod ymhell o Gaerdydd, o'n i, yn recordio caneuon ar gyfer cyfres gomedi'r B.B.C. i blant, *Siop Siafins*. Dyfed Thomas oedd y prif gymeriad, sef Bfeian Lloyd Jones (fo hefyd oedd awdur y gyfres hwyliog), a finna'n cael y fraint o actio rhan Marged Ann, cariad Bfeian. (Breian oedd enw'r cymeriad, gyda llaw, ond sticiodd yr enw Bfeian gan nad oedd o'n medru ynganu'r llythyren 'r'.)

Anifail anwes Bfeian oedd y mwnci i fod, ond gan fod Marged Ann yn gwisgo côt flewog, sodrodd yr anifail 'i hun ar fy mol, yn gafael yn dynn yndda i hefo'i goesa ôl fel petawn i'n foncyff! Roedd o'n cadw'i hun yn ddiddig drwy chwilio am chwain (yn ofer dwi'n prysuro i ddweud!) yn fy ngwallt gyda'i ddwylo. I'w rwystro fo rhag gwneud hynny, mi eisteddais i lawr a'i roi o ar fy nglin, ac ar ôl i mi ganu 'Dacw Mam yn Dŵad' iddo fo, roedd o'n hapus fel y gog, yn edrych i fyw fy llygaid a gwrando'n astud. Mi rois fanana iddo fo wedyn, a diddorol iawn oedd ei weld o'n dal y ffrwyth rhwng ei ddwy droed a'i phlicio hi hefo'i ddwylo, cyn ei bwyta hi'n ara deg bach gan ei sawru a'i mwynhau.

Doedd wiw i Dyfed Thomas na neb arall afael yn y mwnci bach, achos roedd o'n brathu pawb a phopeth oedd am fynd â fo oddi arna i. Yn y diwedd, bu'n rhaid i Bfeian/Dyfed fodloni ar actio hefo Siaco'r Cocatŵ, oedd yn greadur mwy addas ar gyfer y gwaith beth bynnag gan 'i fod o'n medru siarad yn ddigon del yn Gymraeg.

Pan glywodd John Pierce Jones, oedd hefyd yn actio yn y gyfres, bod rhieni'r mwnci bach, sef y mwncïod te enwog rheiny, ym Mhensgynor hefyd, mi aeth i chwilio amdanyn nhw. Mi es inna efo fo, yn chwilfrydig, ac mi gawson ni hyd iddyn nhw yn y diwedd ar ynys yng nghanol llyn mawr o ddŵr, yn ddigon pell oddi wrth y cyhoedd gan eu bod nhw wedi mynd yn ffyrnig wedi iddyn nhw dyfu i'w llawn maint.

Dwn i ddim be ddigwyddodd i John yr eiliad honno – ella'i fod o'n teimlo dros y mwnci bach roedd y ddau fawr yma wedi ei wrthod, neu ella'i fod o'n pryfocio er mwyn gweld be fyddai ymateb y ddau – ond mi ddechreuodd dynnu stumiau arnyn nhw! A wir, dyma'r *chimpanzee* mawr gwryw yn gwneud 'run fath yn ôl! Wedyn, aeth pethau o ddrwg i waeth. Cododd John ei ddyrnau a gwneud synau ar y gwryw mawr. A dwi'm yn amau nad oedd hwnnw'n gallach na J.P.J., achos mi 'larodd yr anifail, a throi ei gefn ar John, gan blethu ei freichiau a phwdu. Ond roedd John wedi mynd i hwyl, ac yn neidio a dawnsio a pharhau i dynnu stumiau, nes ein bod ninnau'r actorion eraill yn glwstwr cegrwth, yn gwylio ymateb y mwnci mawr. Roedd o'n anhygoel, a'r digwyddiad yn un doniol yn ogystal â difrifol. Yn amlwg, roedd Mwnci Mawr wedi hen flino ar antics yr actor ac roedd i'w weld fel petai'n deall rywsut bod hwnnw yn ei blagio fo'n bersonol. Yn sydyn, rhuodd y mwnci mawr, troi i wynebu John a gwgu arno ar draws y dŵr. Parhaodd John i godi twrw, ac er mwyn dangos ei ddicter, ysgydwodd y mwnci ei ddyrnau, gafaelodd yn ei bidlan a phiso bwa o'i bi-pi dros y dŵr oedd yn ein gwahanu ni. Anelodd ei ddŵr ei hun yn syth a bwriadol i gyfeiriad J.P.J.! Distewodd John, gan ryfeddu at (neu edmygu) gallu'r *chimpanzee* i gyfleu ei deimladau mewn ffordd oedd mor effeithiol o eglur. Felly, wedi deall ei neges, mi gefnon ni i gyd ar y ddau *chimpanzee* a'u gadael ar eu hynys dawel mewn llonyddwch.

Anturiaethau mewn gwahanol ysbytai

Mi ges i fy ngeni heb wddw yn Ysbyty Dewi Sant, Bangor, yn 1953 ... yn ôl Mam. Dim ond tua dau bwys o'n i, achos roedd hi wedi beichiogi yn Oregon, yn Unol Daleithiau America, a thrwy'r rhan fwyaf o'i beichiogrwydd yn fanno, roedd hi a'r mamau eraill dan ofal arbenigwr oedd yn bygwth gwrthod geni babanod tew! Roedd y darpar famau oedd dan ei ofal o i gyd yn gorfod bod yn ofalus gan sicrhau nad oedden nhw'n bwyta gormod. Mi fywiodd Mam ar gaws bwthyn a phinafal am saith mis, medda hi. Daeth fy rhieni yn ôl i Gymru cyn i mi gael fy ngeni, ac mi fwytodd betha mwy confensiynol wedyn. Er hynny, doeddwn i ddim yn fabi mawr.

I fynd yn ôl at fy niffyg gwddw – wel, doedd hynny ddim yn hollol wir. Tueddu i orliwio petha oedd Mam. Wrth gwrs bod gen i wddw, 'mond 'i fod o'n un byr iawn, iawn – fel fy ngwasg, sydd o'r golwg am fod fy senna fi bron â bod yn sownd ym mhen ucha fy nghlunia i. Dwi yna i gyd, ond 'mod i'n union fel tasa rhywun wedi rhoi ergyd i 'mhen i hefo gordd er mwyn fy nghywasgu fi'n un pecyn bach, bach. Eto, yn ôl tystiolaeth Mam, ro'n i'n becyn hawdd fy ngeni. 'Roedd o fatha geni dau bwys o siwgwr,' oedd ei honiad. Dwn i ddim sut oedd hi'n gwybod sut deimlad oedd geni pecyn siwgwr. Wnes i ddim meddwl ei holi hi. Ac wrth gwrs, dydw i'n cofio dim am yr amgylchiadau, felly fedra i ddim manylu.

Pan o'n i'n bump oed, dwi'n cofio dal trên o Gaernarfon i Lerpwl hefo Mam, a ddois i ddim adra'n ôl i Gymru am fis crwn cyfan. Bu'n rhaid i mi aros yn Ysbyty Alder Hey i gael profion am 'mod i'n diodda o'r fogfa, neu asthma, ac afiechydon ar fy ysgyfaint yn rhy aml. Doeddwn i ddim yn tyfu llawer, ac roedd 'na bosibilrwydd bod y ffaith 'mod i'n methu anadlu yn effeithio ar fy nhyfiant. Roedd fy rhieni angen cael gwybod be'n union oedd y rheswm. Hefyd, roedd fy nhad wedi fy ngoglais un tro.

Yn ddiarwybod iddo, ro'n i'n cnoi cnau mwnci ar y pryd, ac yn anffodus, mi ges i bwl drwg o dagu arnyn nhw wrth iddo fy ngwneud i chwerthin. Roedd fy rhieni'n poeni bod y cnau rywsut wedi aros yn sownd yn fy sgyfaint! Dyna pam y bu'n rhaid i mi fynd i'r sbyty plant yn Lerpwl: i chwilio am y cnau, os oeddan nhw yno o gwbwl.

Digwyddiad digon trawmatig oedd cael fy ngadael yn Alder Hey ar fy mhen fy hun, er nad oedd Mam ymhell – roedd hi'n aros hefo teulu yn y ddinas ac yn ymweld â fi'n ddyddiol. Ond ar ôl rhyw ddeuddydd, mae'n debyg nad oeddwn i mo'i hangen am 'mod i wedi darganfod ffrindiau newydd. Felly, gan ei bod hi'n nyrs drwyddedig, byddai Mam yn helpu'n wirfoddol i ofalu am fabanod a phlant bach gwael neu amddifad ar y wardiau. Ond chwarae teg iddi, gwyddwn ei bod hi gerllaw petawn i ei hangen ... neu ddim ei hangen, fel ar yr achlysur hwnnw pan ges i fy nal ganddi yn deud celwydd wrth y Matron! Dyma Mam yn fy nwrdio o flaen honno, a mynnu 'mod i'n ymddiheuro iddi hi. Fy nhrosedd oedd 'mod i wedi gweld cyfle i osgoi mynd i'r ysgol drwy gymryd arnaf na fedrwn i ddeall gair o Saesneg. (Roedd 'na ysgol o fewn muriau Ysbyty Plant Alder Hey yn y dyddiau hynny; wn i ddim ydi hi yno heddiw.) Roedd Mam yn gandryll 'mod i wedi meiddio twyllo'r Matron, o bawb, achos roedd ganddi barch mawr ati. Mynnodd 'mod i'n ddwyieithog ac yn medru sgrifennu yn Gymraeg ac yn Saesneg. Doedd dim amdani felly ond fy anfon i'r ysgol, a dyna ben arni. Doedd gen i ddim dewis ond ufuddhau, ond daeth haul ar fryn pan gyfarfyddais â ffrind newydd arall yno – Tony Murphy – oedd, er mawr syndod i mi, ar yr un ward â fi, ond 'mod i heb gymdeithasu hefo fo ynghynt.

Un noson, ymgripiodd Tony at fy ngwely ryw gefn nos a f'ysgwyd yn effro. Sibrydodd yn fy nghlust ein bod ni ein dau am fynd ar *adventure*. Roedd gen i barch mawr at Tony Murphy achos roedd o'n dod o Lerpwl, ac yn hŷn na fi o flwyddyn. Yn fy marn pumlwydd, roedd hwn yn greadur oedd yn gwybod be oedd be. Felly cyn i mi fedru rhwbio cwsg o'm llygaid, roedd y ddau ohonon ni'n llyffanta hyd coridorau tawel Alder Hey yn chwilio am ryw *adventure* annelwig, sef mynd o lech i lwyn yn hel plant eraill oedd isio mynd ar antur 'run fath â ni.

Yn sydyn, clywsom sŵn traed yn dynesu. Llusgodd Tony fi i'r cysgodion, ac er mawr ryddhad i ni'n dau, cerddodd dwy nyrs heibio heb ein gweld ni. Wedi iddyn nhw fynd yn ddigon pell, mi ymgripion ni ymlaen i ward oedd yn edrych yn union fel ein hun ni, a rasio allan ohoni drachefn, mor dawel â llygod a'n gwynt yn ein dyrnau, wrth sylweddoli nad oedd hi'n bosib nabod neb oedd yn y gwlâu yn y golau egwan. Fedren ni ddim mynd yn nes atyn nhw chwaith heb gael ein dal. Wedi i ni fod ar un neu ddwy ward arall, a dod i'r casgliad fod pob ward fel ei gilydd, a'r plant i gyd yn cysgu'n sownd a heb fod isio ymuno hefo ni ar ein antur fawr, dyma benderfynu ei throi hi'n ôl am ein gwlâu. Ond erbyn hynny, yn anffodus, fedrai'r un ohonon ni'n dau gofio lle roedd Ward D3, ein ward ni, gan fod pob coridor a phob ward yn edrych fel ei gilydd!

Cael ein dal fu ein hanes yn y diwedd. Sylwodd un o'r nyrsys nos ar Ward D3 nad oedden ni yn ein gwlâu, ac anfonwyd porthor i chwilio amdanon ni. Chawson ni fawr o stŵr ganddo fo, chwara' teg, wedi iddo ddod o hyd i ni, gan ein bod ni wedi dychryn a braidd yn ddagreuol erbyn hynny. Cawsom ein danfon yn ôl i'n ward am baned o Ovaltine drwy lefrith bob un efo lot o siwgwr ynddo fo (ac ella bod 'na rwbath arall ynddo fo hefyd), i wneud yn siŵr y bydden ni'n cysgu'n sownd am weddill y nos.

Dwi'n cofio meddwl mai honno oedd yr antur orau erioed. Gyda llaw, wnaeth neb yn Alder Hey ddarganfod olion unrhyw gnau mwnci ynddaf i – dim ond cysgodion ar fy sgyfaint ar ôl pwl o niwmonia a'r pas ges i pan o'n i'n fabi!

Flynyddoedd yn ddiweddarach, pan o'n i yn fy arddegau ac yn aelod o'r National Youth Theatre yn Llundain yn y chwedegau, mi fu'n rhaid i mi fynd i sbyty Hampstead General am 'mod i wedi cael pwl o gaethdra. Mr Davies, dyn y tŷ lojin lle ro'n i'n aros (ac un o dras Cymreig), yrrodd fi yno. Doedd fy ymweliad â'r sbyty hwnnw ynddo'i hun ddim yn gofiadwy iawn gan mai dim ond picio i mewn i'r adran Cleifion Allanol i gael chwistrelliad syfrdanol o fawr o'r cyffur Phylocontin gan ddoctor o Awstralia oedd raid. Ro'n i'n iawn wedyn – braidd yn simsan, ond yn iawn. Ond yr hyn oedd yn anarferol, yn fy mhrofiad i beth bynnag, oedd y ffordd gyrhaeddais i'r sbyty. Mi chwyrlïais i yno drwy strydoedd Llundain gefn nos ar gefn moto-beic. Dyna'r unig dro i mi fod ar gefn peiriant o'r fath yn fy mywyd!

Roedd fy mhrofiad o fynd i hen sbyty'r C.R.I. yng Nghaerdydd yn saithdegau'r ganrif ddiwethaf yn fwy cymhleth ac yn hollol wahanol – yn un peth, mi ges ambiwlans i fynd â fi yno. Ac os ydw i'n cofio'n iawn, mi ddaeth Cefin Roberts (Ysgol Glanaethwy) hefo fi, neu ddilyn yr ambiwlans yn ei gar. Dwi'n credu bod Rhian, ei wraig, wedi aros yn fflat Dwynwen Berry (Siop Bys a Bawd, Llanrwst, erbyn hyn) i warchod eu plant, Tirion a Mirain, oedd yn ifanc iawn ar y pryd. Roedd Dwynwen yn garedig iawn – wastad yn rhoi lletyi ni i gyd pan fyddem yn gweithio yn y brifddinas. Roedd y tri, Cefin, Rhian a Dwynwen, yn eithriadol o ffeind efo fi drwy gydol y cyfnod hwn yn fy hanes.

Y rheswm am y caethdra y tro hwnnw oedd 'mod i wedi bod yn actio hefo Dewi 'Pws' Morris mewn sgetsh ddoniol ar gyfer *Goglis*, un o raglenni plant HTV ar y pryd. Dwi'n meddwl mai 'Sut i wyll04tio Mam' oedd enw'r sgetsh – fi oedd Mam a fo oedd Yr Hogyn Drwg. Ro'n i'n esgus 'mod i'n coginio teisen arbennig, ac i dorri stori hir yn fyr, cacen rwber oedd hi. Roedd Dewi i fod, yn gyfrinachol, i'w phwmpio hi'n fawr hefo pwmp beic er mwyn esgus ei bod hi wedi codi'n berffaith, yn union fel teisennau Merched y Wawr neu'r W.I., ond mi aeth hi'n rhy fawr ac mi ffrwydrodd. Yn anffodus roedd hi'n llawn o flawd ac mi chwythodd hwnnw i bob cyfeiriad fel nad oedd camerâu'r stiwdio yn gallu'n gweld ni'n dau drwy'r holl gymylau. Dim rhyfedd 'mod i wedi mygu! Dwi'n prysuro i ddeud nad oedd unrhyw fai ar unrhyw un gan na ddwedais i 'run gair am fy nghaethdra a nghyflwr asmatig wrth neb rhag blaen!

Ta waeth, ro'n i ar fin trengi yn Uned Ddamweiniau Brys y C.R.I., a nyrsys a staff meddygol yn rhedeg o 'nghwmpas i fel ieir ac yn gweiddi (fel 'taswn i ddim yn gallu eu clywed) *'She's going! We're losing her!'*

Mi geisiais eu hateb nhw ond allwn i ddim, achos er mawr ryfeddod i mi fy hun, allwn i ddim cofio gair o Saesneg! Fedrwn i ddim siarad fawr o Gymraeg chwaith gan nad oedd gen i ddigon o anadl yn fy sgyfaint, ond mi wnes fy ngora. Mae'n rhaid 'mod i wedi llwyddo, achos mi ymatebodd rhywun;

'She's speaking some foreign language ...'

Grasusa, meddyliais, dwi'n mynd i fynnu 'mod i'n dod drwyddi a goresgyn tasa 'mond er mwyn deud mai Cymraeg o'n i'n siarad!

Mi ges i fy nghyfla hefyd, a chwarae teg, mi ddaeth Mr John Williams, un o'r arbenigwyr oedd yn Gymro Cymraeg, draw o ganol ei brysurdeb i gyfieithu ar fy rhan i. Diweddglo hapus iawn sydd i'r stori, sef fy mod i, ar ôl deng niwrnod yn y C.R.I., wedi cael gwellhad llwyr gan fod ffisig newydd ar y farchnad nad oeddwn i wedi cael ei gynnig o'r blaen oedd (a sydd) yn parhau i nghadw fi'n rhydd o'r salwch felltith oedd wedi fy mhlagio a pheryglu fy mywyd hyd ganol fy ugeiniau. Roedd o'n gyfnod newidiodd fy mywyd i er gwell, ac mi fydda i'n fythol ddiolchgar i bawb estynnodd law i fy helpu i reoli'r caethdra unwaith ac am byth. A diolch yn fawr iawn i staff Hafan Iechyd, Caernarfon, sy'n parhau i gadw llygaid arna i a'm cyflwr o hyd.

'Sna'm golwg o Sue Waters!

Ar 19 Gorffennaf 1984 roeddan ni i gyd yn hollol syfrdan. Pwy feddyliai y byddai gogledd Cymru'n profi daeargryn oedd yn mesur 5.4 ar raddfa Richter?

Y bore hwnnw, roedd gan bawb ei stori. Roedd criw ohonan ni actorion yn ymgynnull i ymarfer y ddrama *Ffatri Serch* gan Gareth Miles yn Y Tabernacl, sef hen adeilad Cwmni Theatr Cymru ym Mangor, ond wnaethon ni fawr o waith ar fore'r daeargryn. Roedd y lle yn ferw gwyllt o ganlyniad i'r digwyddiad od ac anghyffredin, a phawb yn holi'i gilydd am eu profiad nhw o deimlo'r ddaear yn symud. Hynny ydi, pawb ond y Dirprwy Reolwr Llwyfan dibynadwy tu hwnt fyddai fyth yn hwyr, a byth yn gwneud unrhyw beth o'i le, sef Sue Waters. Hi fyddai'n cadw trefn arnon ni i gyd fel arfer, ond y bore hwnnw, doedd dim golwg ohoni.

I ddechrau, wnaeth neb sylwi nad oedd hi yno, a phawb yn cael rhwydd hynt felly i fwrw iddi i adrodd eu gwahanol straeon – roedd Cefin Roberts yn eistedd ar y lle chwech, a theimlodd y crwndwll yn crynu o'dano fo, a Betsan Llwyd wedi cael ei deffro o drwmgwsg am fod y tŷ roedd hi'n aros ynddo fo yn crynu, a'r wardrob yn ysgwyd cymaint nes iddi feddwl bod rhywun wedi cael ei gloi tu mewn iddi ac yn trio dod allan! Roedd 'na straeon yn ein cyrraedd o bobman – siaradodd rhywun ar y ffôn hefo Siân Wheldon, oedd â stori anhygoel i'w rhannu am ffarmwr o ardal Pwllheli oedd wedi cysgu'n hwyr yn hytrach na mynd i odro'i warthweg. Mae'n rhaid bod ei gydwybod yn ei bigo yn ei gwsg gan iddo freuddwydio bod ei warthweg ar eu ffordd i fyny'r grisiau a'u pyrsiau'n orlawn o lefrith! Wedi'r cwbwl, yn Llithfaen, nid nepell o Bwllheli, roedd canolbwynt y daeargryn.

Roedd gen inna stori ddigon gwallgo. Mi ges i fy neffro o drwmgwsg oherwydd bod ein tŷ ni yng Nghaernarfon yn ysgwyd i gyd gan nerth y daeargryn. Wyddwn i ddim mai daeargryn oedd o, wrth gwrs, felly ro'n i yr un mor ddryslyd â'r ffarmwr druan. Roedd y cryndod mawr wedi fy nrysu fi'n lân – roedd pelydrau'r haul yn tywynnu drwy'r llenni, ond ro'n i'n grediniol ei bod hi'n dal yn nos, ac mai soser lachar llawn pobol bach wyrdd o'r gofod oedd wedi glanio yn ein gardd gefn ni oedd yn taflu ei llewyrch i mewn i'm llofft. Dyna pam, rhesymais yn ddigon dryslyd, fod y tŷ yn crynu!

Ar ôl adrodd y stori honno wrth y criw ym Mangor, adroddais hanes Emrys, oedd wedi codi cyn cŵn Caer, heb sôn am cyn y daeargryn. Roedd o wrthi'n gwneud brecwast iddo'i hun pan ddechreuodd yr wy neidio yn ei sosbenaid o ddŵr berwedig. Doedd Emrys ddim wedi sylweddoli bod 'na ddaeargryn yn taro, a dechreuodd ddiawlio a chicio'r popty, gan roi'r bai ar hwnnw, a gwaredu y byddai'n rhaid i ni wario ein pres prin ar stof newydd yn lle'r hen un oedd wedi cael rhyw gryndod mawr mwya sydyn!

Rhoddodd Emrys y gorau i golbio'r stof pan ddaeth Alma drws nesa draw i waldio drws y ffrynt a gweiddi dros y lle bod 'na *earthquake*, ac i rybuddio y basa'n beth doeth i bawb adael eu tai y munud hwnnw a mynd allan i sefyll yng nghanol y lôn rhag ofn i'n cartrefi ni ddymchwel am ein pennau. A dyna wnaeth fy annwyl ŵr, gan gofio diffodd y tân dan yr wy ond gan anghofio deffro'i wraig oedd yn dal yn ei gwely yn poeni am ddynion bach gwyrdd mewn soser ofod yn ein gardd gefn!

Ta waeth, roeddan ni actorion yn dal i barablu bymthag y dwsin yn stafell ymarfer Y Tabernacl pan sylweddolodd rhywun ei bod hi'n tynnu at amser cinio, a'n bod ni wedi gwastraffu'r bore. Dyna pryd ddeudodd rhywun;

"Sna'm golwg o Sue Waters!'

Aeth pawb yn fud. Roedd hynny'n rhyfedd a deud y lleia.

'Di'n sâl 'ta be?' holodd rhywun arall.

"Sa well ni ofyn lawr grisia.'

I lawr y grisia y byddai'r criw llwyfan i gyd yn gweithio tra bydden ni actorion yn ymarfer – pawb ond Sue Waters. Cadw trefn arnon ni oedd ei job hi, ynghyd â sawl peth arall. Ond cyn i un ohonon ni fentro i lawr i holi, ymddangosodd Wil Tabs (wn i ddim pam roedd o'n cael ei alw'n Wil, achos Gwynfryn oedd ei enw fo) i ofyn a oedd Sue Waters hefo ni. Wel, nag oedd, doedd hi ddim. Roedd Wil, fel y gweddill ohonan ni, yn rhyfeddu – doedd bod yn absennol heb fath o reswm ddim yn natur Sue Waters drefnus, raenus, effeithiol.

Ceisiodd rhywun ei ffonio hi, ond chafon nhw ddim ateb; ac erbyn hynny roeddan ni wedi dechra poeni amdani go iawn. Oedd hi wedi cael rhyw anffawd yn sgil y daeargryn? Oedd ei thŷ hi wedi dymchwel am ei phen hi? Mi ddechreuon ni i gyd ddoethinebu, dyfalu a chrafu pen ... ac yng nghanol yr holl sgwrsio, pwy gerddodd i mewn i'r stafell ymarfer ond Sue Waters, yn sigledig a blinedig. Mewn geiriau eraill, yn chwil ulw gaib!

A'i stori? Un o'r Rhondda ydi Sue. Wn i ddim pa mor gyfarwydd â gogledd Cymru oedd hi cyn iddi ddod i weithio yma. Bosib bod hynny'n amherthnasol. Doedd hi ddim wedi bod yma'n hir iawn, beth bynnag, pan gawson ni'r daeargryn hwnnw, ond mi *oedd* hi wedi clywed sôn am orsaf niwclear Wylfa cyn iddi ymgartrefu yn y Felinheli. Gallai weld Ynys Môn o'i fflat yr ochr arall i'r Fenai. A'r sibrydion roedd hi wedi eu clywed oedd bod posibilrwydd i'r pwerdy niwclear hwnnw ym Môn ffrwydro unrhyw funud! Celwydd a thynnu coes oedd hynny, wrth gwrs, ond yn unol â'i natur drefnus, roedd Sue wedi paratoi ar gyfer yr achlysur. Roedd hi wedi prynu potel fawr o jin a phaced o parasetamol, ac wedi penderfynu, petai Wylfa'n ffrwydro, a diwedd y byd yn dechra digwydd o dan ei thrwyn hi, ei bod am lyncu'r blincin lot! Oes angen deud mwy?

Yn y bàth ben bore oedd hi pan deimlodd hi'r cryndod cynta. Ac oedd, roedd Sue wedi meddwl bod ein diwedd ni i gyd wedi dod, a bod yr orsaf niwclear wedi ffrwydro'n ufflon! Estynnodd am ei photel jin. Roedd hi wedi yfed hanner ei chynnwys (drwy ryw drugaredd chyffyrddodd hi ddim yn y paced parasetamol) pan feddyliodd yn sydyn y basa'n syniad iddi wrando ar y newyddion ar y radio. Gwawriodd arni ar ôl munud neu ddau o wrando na fu ffrwydrad wedi'r cwbwl, a bod Wylfa yn dal i fod mewn un darn. Prysurodd Sue i yfed galwyni o goffi du cyn dal y bws i'r gwaith ym Mangor i ymuno hefo ni i gyd ... ac adrodd ei hanes.

Y peth rhyfedda am y diwrnod hwnnw, yn fy marn i, oedd mai dim ond yr actorion oedd yn ferw o gynnwrf a straeon am y digwyddiad. Doedd y criw llwyfan (pobol mwy di-lol na ni, decini) ddim wedi yngan gair na thrafod na daeargryn na dim drwy'r bore, dim ond mynd i'r afael â'u gwaith bob dydd, yr un mor ymarferol ag arfer. Ond hwrê fawr fod Sue Waters yn saff ddeuda i – a diolch byth am y Newyddion!

Dyn diarth!

Ro'n i'n cerdded yn ara deg, ling-di-long, i gyfeiriad byngalo bach fy Anti Nanw un pnawn braf o wanwyn. Roedd yr haul yn ei liwiau cryfaf, yr adar mân yn pyncio a Mai ar ei orau yn y llwyni gerllaw. Wrth ddynesu at y drws ffrynt, sylwais ei fod yn gilagored. Cymrais anadl siarp. Fyddai Nanw, a hithau mewn gwth o oedran – er ei bod hi'n anghofus ddychrynllyd – byth yn gadael ei drws ffrynt ar agor, felly ro'n i'n tybio ei bod hi wedi agor y drws i rywun oedd wedi galw. Prysurais at y tŷ, ac wrth i mi ddynesu, gwelais chwaon o fwg du yn sleifio allan drwy gil y drws, dros y rhiniog ac am allan!

Rhuthrais i chwilio am fy modryb drwy drwch o fwg, a darganfod Nanw yn sefyll yn ei stafell fyw ar ei phen ei hun, yn wylo'n dawel.

'Nanw!' ebychais, gan sylweddoli ei bod hi, yn naturiol ddigon, wedi cynhyrfu drwyddi. 'Be sy?'

Trôdd Nanw ata i, heb synnu o gwbwl fy ngweld i.

'Mae o wedi rhoi fy nhŷ fi ar dân!' llefodd.

'Pwy?' gofynnais, a 'nghalon yn fy ngwddw.

'Y *fo*, 'te!' meddai, wedi ypsetio drwyddi erbyn hyn. 'Fo! Y dyn diarth.'

O gael cadarnhad bod dieithryn yn y tŷ, rhuthrais o amgylch y lle yn chwilio amdano. Ond doedd dim golwg o neb arall yno ond fy modryb. Pan gyrhaeddais y gegin, gwelais fod sosban ar ben y stof, a bod rhywun wedi rhoi tân dani. Roedd honno wedi berwi'n sych, a'r tatws bach crynion oedd ynddi wedi troi yn gols duon – heb sôn am y sosban ei hun oedd 'wedi cydiad', fel y bysa Nanw ei hun yn ddeud! Diffoddais y stof, taflu'r tatws i'r bin a'r sosban i'r sinc i socian, ac agor y ffenestri i gyd led y pen i gael gwared â'r holl fwg du a'i ddrewdod. Erbyn hyn, ro'n i wedi dechrau amau mai Nanw ei hun oedd wedi berwi'r tatws ac wedi anghofio amdanyn nhw!

Ond er ei bod hi'n anghofus, doedd Nanw byth yn dychmygu petha, fel rheol. Felly fy nhasg nesaf oedd tawelu fy modryb er mwyn ceisio cael goleuni ar y mater. Ar ôl eistedd yn y stafell fyw efo paned o de bob un, mi ofynnais iddi. Gwadu iddi roi'r tatws i ferwi wnaeth Nanw – y 'dyn diarth' oedd yn cael y bai am bopeth, y mwg, yr ogla drwg, y sosban a'r tatws duon. Fo, yn ôl Nanw, oedd yn gyfrifol am bob un dim ... ond doedd dim golwg o ddyn diarth yn unman.

'Dydd Sul ydi hi heddiw, dŵad?' gofynnodd Nanw'n sydyn.

'Naci,' atebais. 'Dydd Mawrth.'

''Swn i'n taeru 'i bod hi'n ddydd Sul,' meddai dan ei gwynt cyn sipian mymryn bach o'i the a dechrau esmwytho. Ond cyn i'r un ohonon ni'n dwy gael ein gwynt atom yn iawn, taranodd llais dyn dros y tŷ.

'Miss Lewis? Miss Lewis, ydach chi'n iawn? Ydach chi'n dal yna, deudwch?'

'Waaa! 'Na fo! Hwnna ydi o, yli!' medda hitha. 'Ddeudis i wrthat ti 'i fod o yma yn do? *Fo* losgodd y tatws i gyd!'

'Helô? Helô, Miss Lewis?' meddai'r dyn drachefn. 'Ydach chi'n fy nghlywad i?'

Ond er ein bod ni'n clywed y llais, allwn i ddim gweld neb o gwbwl yn unman.

'Hel-ôô!!' gwaeddodd llais y dyn.

'Lle 'dach chi?!' gwaeddais.

'Bae Colwyn,' meddai'r dyn.

'Bae Col...?' medda fi, yn hollol gegrwth. Yn sydyn, mewn fflach, roeddwn yn deall. 'Gwrandwch,' medda fi wrth y llais, 'ydi Nanw wedi pwyso'i botwm gofal?'

'Naddo,' meddai Dyn y Botwm. ''I larwm tân hi sy wedi dechra canu pen yma, a dwinna 'di ffonio'r injan dân drosti, ylwch.'

'Rargoledig!' medda fi wrtho. 'Deudwch wrth yr injan dân am droi'n ôl!'

'Pam?' holodd y llais dryslyd. 'Sgynnoch chi'm tân acw?'

'Nagoes,' atebais. 'Fuo jest i ni gael un, ond mi gyrhaeddis i cyn i'r tatws yn y sosban droi'n fflamia.'

'O. Iawn, ta,' meddai'r dyn, fel petai'n falch o gael cau'r pen ar ei fwdwl. 'Well mi ffonio'r gwasanaeth tân yn ôl. Hwyl rŵan, Miss Lewis!' Ac ar y nodyn hwnnw, cyn i mi fedru diolch iddo fo, mi dawodd llais Dyn y Botwm Gofal. Llyncais jochiad mawr o de llugoer i sadio fy hun (er y baswn i wedi medru gwneud hefo joch o rwbath cryfach!).

'Pwy oedd o, dŵad?' holodd Nanw 'mhen munud neu ddau. 'A sut oedd o'n gwbod bod 'na fwg yn y tŷ 'ma?'

'Sgin i ddim clem, 'sdi, Nanw,' medda fi, a chan mai fi ydi'r ddynes leia technegol fy natur yn y byd, roedd yn fy nghredu. 'Dwi'm yn dallt ... ond diolch amdano fo!'

'Ewcs, ia!' cytunodd fy modryb yn frwd. 'Dyn ffeind, yntê? 'Sa hi'n biti i ni fod wedi tynnu'r injan dân yma ar y Sul.'

'Dydd Mawrth 'di, Nanw,' ebychais yn robotaidd.

'Ia, dŵad? O'n i'n meddwl mai dydd Sul oedd hi heddiw ... drwy'r dydd.'

Pan fydd Anti Nanw yn cael rhyw syniad yn 'i phen, waeth i mi heb â thrio'i throi hi. Felly dyma droi'r stori.

'Yli dwy gloman bach ddel yn fan'cw ar ben to'r garej,' medda fi.

'Lle gweli di nhw?' Craffodd Nanw, sy'n rhannol ddall, i gyfeiriad y garej.

'Fan'cw.' Amneidiais tuag atyn nhw. 'Weli di nhw?' *Collared doves* oedden nhw, felly dyma fi'n ymdrechu i egluro ymhellach. 'Yli, dwy gloman bach ddel hefo coleri am 'u gyddfa.'

'Ddeudis i 'i bod hi'n ddydd Sul, yn do?' oedd ateb swta Anti Nanw.

Fedrwn i ddeud na gwneud dim byd ond chwerthin dros y lle. Ac ymunodd fy modryb hefo fi yn yr hwyl, er nad ydw i'n siŵr os oedd hi'n deall yn iawn pam roeddan ni'n dwy yn chwerthin. Ond doedd dim ots, achos erbyn hynny, roedd y mwg a miri'r dyn diarth wedi llwyr fynd yn angof ganddi.

Fy nghyfnod yn Llundain a'r N.Y.T.

Tua Ionawr 1970 oedd hi pan glywais i gynta am y National Youth Theatre, a hynny am fod cymdoges o Saesnes o'r enw Mrs Muriel Streader yn gwybod 'mod i'n ymddiddori yn y ddrama, ac wedi torri erthygl allan o bapur newydd y *Daily Mail* i mi. Roedd yr erthygl honno'n sôn fod 5,000 o bobol ifainc Prydain yn ymgeisio bob blwyddyn am le yn y National Youth Theatre yn Llundain. Doedd gen i fawr o ddiddordeb ar y dechra – prin ddaru mi ddarllen y darn i'r diwedd am 'mod i'n cymryd yn ganiataol na fydda gen i obaith caneri o fod yn un o'r 5,000 rheiny. Lluchiais o i'r bin sbwriel yn fy 'stafell wely. Ond wedi pwyso a mesur hynny bach ro'n i wedi ei ddarllen yn barod, dyma fi'n ystyried y gallai'r gwrandawiad ym Manceinion, taswn i drwy ryw ffliwc yn cael fy nerbyn i'w fynychu, fod yn brofiad da ar gyfer y dyfodol. Wedi'r cwbwl, gwyddwn y byddai'n rhaid i mi fynd i gyfweliadau fel rhan o unrhyw gais mynediad i goleg. Felly, dyma nôl y darn papur newydd hwnnw o'r bin, a darllen yr erthygl oedd arno sawl gwaith – a chofiais gyngor Nain, 'os na fentri di beth, enilli di ddim', oedd wedi'i serio ar fy nghof. Felly, mi wnes i gais a'i bostio fo, ond mi wnes i hynny yn y dirgel, heb sôn gair wrth neb. Ymhen fawr o dro, mi ges i a fy rhieni andros o sioc o ddeall 'mod i wedi cael cynnig mynd am glyweliad ym Manceinion ar yr ail ar hugain o Fawrth.

Doeddwn i ddim wedi ymarfer llawer o ddim byd ar ei gyfer, ond ro'n i wedi gorfod dysgu rhannau allan o ddrama Shakespeare, *Macbeth*, a *Saint Joan* gan George Bernard Shaw, oedd yn llyfrau gosod ar gyfer y cwrs Saesneg ro'n i'n ei astudio yn yr ysgol ar y pryd. Mi benderfynais y basa'r darnau hynny'n gwneud y tro. Doeddwn i ddim yn cymryd y clyweliad o ddifri, mae'n amlwg! Ta waeth, ym Manceinion bu'n rhaid i mi eistedd am hydoedd mewn stafell fawr, yn disgwyl mynediad i ystafell lle roedd Kenneth Farrington (Billy Walker yn *Coronation Street* 'stalwm) yn mynd i roi gwrandawiad i mi. Ymhen hir a hwyr, cefais f'arwain i mewn gan y dderbynwraig, ac eisteddais wrth ddesg gyferbyn â'r actor adnabyddus.

'*Can you speak any foreign languages?*' oedd un o'i gwestiynau cyntaf. Edrychodd arna i fel petawn i wedi dod o'r gofod pan ddeallodd mai Cymraeg oedd fy mamiaith, ond mi oedd o'n hynod o glên, heb fod yn elyniaethus o gwbwl. Ar ôl iddo holi mwy am yr iaith Gymraeg, a f'annog i drin a thrafod pynciau perthnasol fel amcan Cymdeithas yr Iaith Gymraeg ac ati, dyma fo'n gofyn i mi adrodd y ddau ddarn ro'n i wedi eu paratoi. Mi wnes i hynny. Wedyn, yn hollol annisgwyl, gofynnodd i mi actio rhan o'm dewis i yn Gymraeg. Mi ges i fy nhaflu oddi ar fy echel braidd, achos doedd Saeson, o 'mhrofiad blaenorol i, ddim fel arfer yn deall bod ganddon ni ein hiaith ein hunain. Roedd Ken Farrington yn wahanol – derbyniodd yn ddi-gwestiwn fy mod i'n ddwyieithog. Ta waeth, yn dawel bach, ro'n i'n gwaredu 'mod i heb baratoi dim byd o gwbwl yn iaith y nefoedd. Doeddwn i ddim wedi dysgu'r un darn o unrhyw ddrama Gymraeg ar fy nghof. Meddyliais am funud neu ddau, a chofio 'mod i wedi dysgu sawl darn o farddoniaeth ar gyfer steddfodau ysgol. 'Y Llwynog' gan R. Williams Parry, a 'Hon' gan T. H. Parry-Williams ddewisais i, achos rheiny ro'n i'n eu cofio orau. Dyma fi'n eu hadrodd nhw mor ystyrlon a dramatig ag y gallwn i, a sicrhau bod fy mamiaith yn clecian ar fy ngwefusau er mwyn i'r Sais oedd yn gwrando arna i gael clywed pa mor wahanol i'r Saesneg oedd ein heniaith ni, a 'mod inna'n hynod falch ohoni. A dwi'm yn ama fod Ken Farrington wedi derbyn y neges honno, achos mi ddiolchodd i mi hefo gwên, gan dynnu 'nghoes wrth ddeud 'mod i'n actio'n llawer gwell yn Gymraeg nag o'n i yn Saesneg! Wedyn, mi ffarweliais â fo – ac â'r N.Y.T. hefyd – am byth, yn fy nhyb i, achos wedi iddo fo ddeud be ddeudodd o, do'n i ddim yn credu basan nhw isio rhywun oedd mor Gymreig â fi yn actio yn un o'u dramâu nhw yn Llundain ...

Ryw chwe wythnos wedi hynny, mi ges i lythyr gan Michael Croft, Cyfarwyddwr a Sylfaenydd yr N.Y.T., yn dweud fy mod i wedi cael fy newis yn un o 500 i fynd i'r gwrandawiad terfynol. Bu bron i mi â llewygu! Yn fy nghynnwrf, sylweddolais 'mod i angen cyngor ynglŷn â sut i fynd o gwmpas y peth o ddifri, gan nad o'n i, cyn hynny, wedi ystyried bod gen i gyfle go iawn o gael fy nerbyn. Y person cyntaf y troais i ati oedd Miss Mat Pritchard, fy athrawes Hanes, oedd eisoes wedi ennyn fy niddordeb ym myd y ddrama yn Ysgol Dyffryn Nantlle. Roedd hi'n syfrdan o glywed fy newyddion, ond chwarae teg iddi, cysylltodd â'r dramodydd Dr John Gwilym Jones, Groeslon. Rhoddodd yntau ei amser prin i ddethol darnau oedd yn gweddu i mi, a'm cyfarwyddo wrth i mi baratoi'r darnau rheiny i'w hactio.

Pan gyrhaeddais ystafell y dyn ei hun, Michael Croft, ro'n i'n crynu fel deilen. Ddeudodd o fawr ddim wrtha i, dim ond gwrando arna i'n traethu'r darnau a ddewiswyd ar fy nghyfer ac edrych ar waith celf o f'eiddo rhag ofn y gallai gynnig gwaith cynorthwyo peintio setiau a chefnlenni i mi. Yna, diolchodd i mi am ddod yno, a nodi ei bod yn amser i mi fynd. Cerddais allan gan deimlo'n sicr na fuaswn i'n clywed dim rhagor oddi wrth yr N.Y.T., a dyna fo. Diflannodd y profiad mor sydyn â sgrech mewn storm.

Golchi llestri o'n i, un diwrnod yn ystod gwyliau'r haf, pan ganodd cloch y ffôn. Sychais fy nwylo a'i hateb. Nefi blŵ! Roedd dyn o'r enw Barrie Rutter ar y ffôn yn gofyn a fedrai Mari Roberts (dyna o'dd fy enw fi bryd hynny) ddod i lawr i Lundain. Derbyniais ar f'union heb ofyn caniatâd fy rhieni hyd yn oed! Yn naturiol ddigon, roedd y ddau yn hollol gegrwth – ond doedd dim modd iddyn nhw wrthod gadael i mi fynd gan 'mod i wedi derbyn y cynnig yn barod!

Dad ddaeth efo fi, er nad oedd ganddo fo glem am ddrama. Wedi i ni gyrraedd pencadlys yr N.Y.T. yn 80 Eccleston Square, mi ofynnais i iddo fasa fo'n meindio mynd am dro i rwla, achos do'n i ddim isio i neb weld 'mod i wedi dod â 'nhad efo fi. Dwn i ddim i ble'r aeth y creadur yn y cyfamser, achos bu'n rhaid i mi aros am hir, hir, ar binnau cyn cyfarfod eilwaith â Michael Croft. Dyma hwnnw'n ymddangos o'r diwedd a deud wrtha i bod yn rhaid i mi fynd ar draws y ddinas i Ysgol Haverstock i gyfarfod y cyfarwyddwr Barrie Rutter (ddaeth yn ddiweddarach yn actor adnabyddus hefo'r R.S.C. a'r National Theatre yn Llundain, ac sydd bellach yn sylfaenydd ac yn gyfarwyddwr Cwmni Theatr Northern Broadsides yn Halifax), ac i ymuno ag actorion a chriw drama gyfoes *Spring Heeled Jack*, oedd yn cael ei hysgrifennu ar y pryd gan y dramodydd Peter Terson yn Chalk Farm. Doedd dim amdani ond dod o hyd i Nhad, a'i mentro hi hefo fo drwy draffig Llundain.

Yn Haverstock, arweiniwyd fi i gymnasiwm enfawr, lle roedd nifer o bobol ifanc yn eistedd ar y llawr. Rhoddodd un ohonyn nhw sgript i mi – sgript ryfedd ar y naw, wedi ei hysgrifennu ar ddarnau o bapur wal lliwgar. '*Read this and improvise as you go along,*' oedd y gorchymyn ges i. Edrychais yn hurt, a gofyn yn niwlog, '*What's "improvise"?*'

Chwarddodd pawb am fy mhen, a theimlwn fel lwmp o faw. Doedd fy nghyd-actorion yn sicr ddim yn deall ar y pryd mai Saesneg oedd fy ail iaith i (nac yn gwybod am fodolaeth yr iaith Gymraeg, dwi'n siŵr) ond roedd hi'n amlwg ddigon 'mod i'n dod o berfeddion cefn gwlad, achos mi ofynnais wedyn yn hollol ddiffuant, '*Do they have cows in Chalk Farm?*'

Eto, chwarddodd pawb. Wnaeth neb egluro'r gwir i mi, ond o leia cefais eglurhad ynglŷn â'r actio byrfyfyr. Felly darllenais y sgript a deud rhyw betha digon gwamal yn Saesneg ac yn Gymraeg, gan obeithio 'mod i'n gwneud y peth iawn. Diolchodd y cyfarwyddwr i mi, a hebryngodd fi allan o'r stafell a'i fraich yn amddiffynnol am fy nghanol.

'*Right. You've got the part. Come down in two days time. G'bye. See you, love.*'

Roedd fy meddwl yn chwyrlïo i bob cyfeiriad fel eira mewn lluwch.

Ddeuddydd yn ddiweddarach, dychwelais i'r ysgol yn Haverstock. Erbyn hynny, roedd Mam wedi darganfod lle i mi aros hefo un o Gymry Llundain, ei wraig, a'u pedair merch. Roeddan nhw'n deulu hwyliog a chartrefol braf, ac er bod Mr Davies wedi'n gadael ni ers tro bellach, mi fydd Mrs Marjorie Davies, ei weddw, yn dal i anfon cerdyn Dolig ata i ar ôl yr holl flynyddoedd, er ei bod hi mewn gwth o oedran erbyn hyn.

Wrth ymgodymu â gwaith yr N.Y.T., buan iawn y sylweddolais nad chwarae plant ydi actio. Roedd ganddon ni ymarferion saith niwrnod yr wythnos, o ddeg y bore hyd ddeg y nos. Byddai'r sgript yn cael ei chwtogi neu ei hymestyn a'i newid o ddydd i ddydd – a hynny, wrth gwrs, yn golygu dysgu leins bob nos ar ôl cyrraedd y lety. Ond ro'n i wrth fy modd drwy'r cwbwl, ac wedi gwneud llond lle o ffrindia newydd.

Ar ôl tair wythnos o ymarfer caled, roedd y diwrnod mawr ar fin cyrraedd. Y noson ganlynol, 24 Awst 1970, fyddai noson agoriadol *Spring Heeled Jack* yn Theatr Jeanette Cochrane yn y West End. Ond yn anffodus, ar 23 Awst, cefais anffawd melltigedig. Torrais fy sbectol mewn lle chwech yn Llundain – creisis, a finna mor fyr fy ngolwg!

Ar ôl dod dros y sioc o'i gweld yn deilchion ar lawr stwffiais hi i 'mhoced gan feddwl cael ei thrwsio yn y dyfodol agos. Y noson honno, es i 'ngwely'n gyffrous fy meddwl, fy mryd ar gychwyn yn gynnar i'r theatr drannoeth er mwyn cyrraedd mewn pryd i gael digon o amser i ymbaratoi cyn i'r llenni godi.

Daeth y diwrnod mawr. Rhoddais glep ar ddrws y lety a cherdded i lawr y stryd i ddisgwyl bws i Camden er mwyn dal trên danddaearol o fanno i Euston. Yn sydyn, sylweddolais na allwn, heb fy sbectol, weld y rhifau ar y bysiau yn yr orsaf! Roedd 'na resi o fysiau'n mynd heibio bob dau funud, a wyddwn i ddim pa un oedd p'run. Gofynnais i bobol gerllaw am help, ond ches i fawr o lwc. Os oeddwn i'n gofyn, '*Excuse me, is that a number 24 bus?*' ro'n i'n cael edrychiad digon rhyfedd gan lawer, a'r ateb yn amlach na heb oedd rhyw 'no' digon swta.

Penderfynais mai digon annymunol ac oeraidd ydi pobol ar strydoedd dinas fawr Llundain, yn hollol groes i bobol wledig, wladaidd perfeddion cefn gwlad fyddai wedi cynnig dod o hyd i'r bws drosta i.

Ta waeth, o'r diwedd, cyrhaeddodd y bws. Holais am y pymthegfed tro ai hwn oedd bws rhif 24, ac er mawr ryddhad i mi, cefais ateb cadarnhaol. Neidiais arno, a chyrraedd Camden yn ddiogel cyn rasio am y grisiau symudol fyddai'n mynd â fi i dwnelau tiwblyd y trenau. Edrychais ar fy oriawr. Roedd hi'n chwarter i bump, a finna i fod yn y theatr erbyn pump! Saith o'r gloch roedd y cynhyrchiad yn dechrau, ond ro'n i i fod i gael colur a gwisg ... a beth bynnag arall roedd rhywun i fod i'w gael cyn mynd ar lwyfan yn y West End! O ddiffyg profiad, wyddwn i ddim be oedd o 'mlaen i.

Wedi dechrau mynd i banig, rhuthrais i mewn i'r trên cynta welais i, sef trên oedd â'r enw Euston (neu rwbath oedd yn edrych yn debyg iawn i hynny) wedi ei sgwennu ar y blaen. Bûm ynddo am gryn chwarter awr cyn i mi graffu drwy un o'i ffenestri a gweld enw'r orsaf wedi ei sgwennu ar wal bygddu ... enw yn dechrau hefo 'E'.

Grêt, meddyliais. Euston o'r diwedd. Rhuthrais allan o'r trên a 'nelu am y grisiau ro'n i'n meddwl fyddai'n fy arwain i Holborn, a'r theatr. Digwyddais ofyn i ddyn mewn iwnifform a oeddwn i'n mynd i'r cyfeiriad iawn. Edrychodd hwnnw'n hurt arna i.

'You're pulling my leg!' meddai.

'Um ... what's this station called, then?' holais, yn prysur anobeithio.

'It's written on the wall over there,' meddai'r dyn.

'But I can't see it!' taerais.

Cerddodd y dyn oddi wrtha i gan ysgwyd ei ben. Cerddais innau reit at yr enw, a rhoi fy nhrwyn arno (bron!). Suddodd fy nghalon. Nid yn Euston oeddwn i, ond Edgeware! Felly roedd yn rhaid i mi ddal trên tiwb arall yn ôl i lle ddechreuais i, nes i mi, yn y diwedd, lwyddo i gyrraedd pen fy nhaith a chyntedd y theatr – awr yn hwyr! Roedd hi'n chwech o'r gloch a doedd gen i ddim ond awr i ymbaratoi.

Pan ruthrais i mewn i'r stafell wisgo a deud wrth yr actoresau eraill be oedd wedi digwydd, mi chwarddodd pawb – erbyn dallt, ro'n i wedi bod yng ngogledd Llundain yn lle'r West End! Erbyn i mi egluro mwy a gorffen deud fy stori, dim ond tri chwarter awr oedd gen i ar ôl cyn dechrau'r sioe. Rhuthrais i newid fy nillad a baglu ar draws cadair yn fy helbul. Gwisgais ryw ffrog go barchus a tharo siôl dros fy sgwyddau. Cofiais fod Andreas, dyn trin gwalltiau'r cwmni, wedi deud wrtha i am roi digon o bowdwr pen-ôl-babi yn fy ngwallt i'w droi o'n wyn, er mwyn i mi edrych yn hen, felly gafaelais yn y blwch powdwr oedd wrth law a'i luwchio i 'ngwallt. Gwthiais fy ngwallt tu ôl i 'nghlustiau a rhoi pinnau ynddo i'w ddal yn ei le mewn rhyw steil hen ffasiwn.

Ro'n i ar fin dechrau coluro fy ngwyneb a ngwddw pan ddechreuais i disian … a thisian … a thisian. Daeth un o'r genod i'r casgliad mai pwl o nerfusrwydd oedd yn gyfrifol, ond barn Thekla Takkides, fy ffrind pennaf yno (Groeges o ynys Cyprus yn wreiddiol) oedd 'mod i'n tisian cymaint am 'mod i erioed wedi actio yn Saesneg o'r blaen! Bosib ei bod hi'n iawn!

Yn sydyn, daeth llais y rheolwr llwyfan drwodd i'r stafell wisgo drwy focs bach ar y wal;

'Ladies and Gentlemen, this is your quarter-hour call. The curtain will go up in fifteen minutes.'

Yn fy nychryn, anghofiais disian ac ail ddechrau coluro – a choluro gormod nes bod fy wyneb yn edrych fel un plentyn bach budur yn hytrach na wyneb rhychiog hen wraig!

Galwyd ar un o'r hogia hynaf, oedd yn hen law hefo'r coluro, i'm cynorthwyo, a chyn pen deng munud, roedd Allan Gill wedi llwyddo i wneud i mi edrych yn union fel hen wraig. Teimlwn yn ddiolchgar dros ben iddo fo. Dyna'r gorchwyl coluro drosodd … ond yn anffodus, nid dyna ddiwedd fy helbulon.

Daeth merch o'r adran wisgoedd ata i gan ddweud fy mod i wisgo sana crêp arbennig, ond doedd ganddi ddim sysbendars sbâr i mi. Felly roedd fy sana am ben fy sgidia pan glywais lais y Rheolwr Llwyfan.

'... *the curtain is going up now. Beginners on stage please* ...'

Rhuthrais i gael gair hefo hwnnw cyn i'r llenni godi. Edrychodd yn hurt arna i.

'*Why aren't you on stage?*'

'*My stockings keep falling down!*' eglurais, yn fy nagra bron. '*Do you have any string?*'

Ar ôl edrych arna i mewn anobaith am eiliad neu ddwy, lledodd gwên ddireidus ar draws ei wyneb. Gafaelodd mewn rholyn tew o *insulating tape* du, trwchus, a deud wrtha i am angori'r sana'n sownd yn nhop fy nghlunia efo fo – a gofyn, yn ddireidus, oeddwn i angen ei help i wneud hynny!

Ymhen chwinciad, ro'n i ar y llwyfan hefo pawb arall – ond yn methu darganfod pâr o sbectols aur fy hen, hen, hen daid ro'n i i fod i'w gwisgo ar gyfer y cymeriad. Ro'n i wedi torri un sbectol ac wedi colli un arall! Diolch byth, digwyddais roi fy llaw ym mhoced fy ngwisg, a'i ddarganfod.

Eiliad cyn i'r llenni godi, daeth y cynhyrchydd atom i ddymuno hwyl fawr i ni. Ei gyngor i mi oedd, '*Project your voice and watch your diction, Taffy.*' Iawn, cytunais. Diflannodd fy mhryder gan fy mod wedi hoelio fy sylw ar y gwaith oedd o 'mlaen.

Roedd y perfformiad yn argoeli i fod yn un pur dda y noson agoriadol honno, ac ymateb y gynulleidfa'n wych. O ganlyniad, roedd ein hunanhyder ninnau'r actorion yn cryfhau wrth inni ymollwng i'n rhannau.

Daeth y llen i lawr ar ôl yr hanner cyntaf, a chawsom egwyl fer. Ymunodd Barrie Rutter, y cynhyrchydd, â ni yn yr ystafell werdd a'i fodiau i fyny. Popeth yn dda. Ar ôl y noson gyntaf honno, roedden ni i gyd yn medru fforddio ymlacio rhywfaint. Weithiau, rhwng sioeau, byddai amser i ymweld ag adeiladau, orielau ac amgueddfeydd enwocaf Llundain. Mi fyswn i wedi lecio cael gweld mwy o gynyrchiadau, ond gan 'mod i fy hun yn perfformio mewn sioe, doeddwn i ddim yn rhydd i fynd i weld dramâu eraill. Ond nid rheiny oedd yn mynd â 'mryd i mewn gwirionedd.

Ro'n i'n hoff iawn o ymweld â pharciau Llundain. Yn un peth, roedd mynediad iddyn nhw yn rhad ac am ddim, a doedd gen i fawr o arian. Yr ail reswm 'mod i'n eu mwynhau oedd fy hiraeth mawr am gefn gwlad. Mi fyddwn i'n ymweld â Sgwâr Trafalgar yn aml iawn hefyd – dim ond er mwyn cael gweld y colomennod! Mae'n rhaid i mi gyfaddef na fedrwn i ddygymod â strydoedd a thraffig diddiwedd y ddinas, er 'mod i'n mwynhau fy hun yn fawr iawn yng nghwmnïaeth pawb o 'nghydnabod yno. Mi fyddai eistedd ar fainc mewn parc yn dandwn deryn to oedd yn bwyta briwsion o fy llaw yn lliniaru rhywfaint o'm hiraeth am y wlad. Wedi'r cwbwl, mae byd natur wastad o'n cwmpas ni, hyd yn oed os mai dim ond dan garreg mewn parc dinesig, neu yn y craciau mewn pafin, y dowch chi o hyd iddo fo.

Fy hoff barc oedd Parc St James. Byddwn wrth fy modd yn cerdded o amgylch y llyn a thrwy'r coed o'i gwmpas. Byddai sŵn cwac-cwacian yr hwyaid bob amser yn llwyddo i wneud i mi wenu, yn enwedig os byddai ryw gecru yn eu mysg nhw.

Un dydd Sul, pan o'n i'n gwylio'r byd a'i hwyaid yn mynd heibio, eisteddodd rhyw ddyn dieithr wrth fy ymyl ar y fainc. Dechreuodd siarad hefo fi, ac yn ôl yr arfer yng nghefn gwlad Cymru, ymunais mewn sgwrs ddiniwed, gyfeillgar ag o. Ond sylweddolais, yn rhy hwyr o lawer, nad oedd perwyl y dyn diarth mor ddiniwed. Cyn pen dim, roedd o'n ceisio mynd i'r afael â fi. Ro'n i wedi dychryn gormod i sgrechian, ond llwyddais i ryddhau fy hun o'i afael drwy daro fy nwrn dan gliciad ei ên, a thra oedd o'n cyfogi, manteisiais ar y cyfle i ddianc. Diolchais yn dawel fod gen i dad oedd wedi bod yn ddigon hirben i fy nysgu'n gynnar iawn sut i amddiffyn fy hun a bod yn 'tyff'!

Rhedais fel cath i gythraul i gyfeiriad yr orsaf danddaearol agosaf, gan edrych dros fy ysgwydd i weld a oedd fy ymosodwr yn fy nilyn. Mi oedd o! Erbyn hynny, roedd arna i ofn go iawn, achos faswn i byth yn gallu trechu darpar dreisiwr oedd yn llawer mwy a chryfach na fi. Yn anffodus, doedd 'na fawr o bobol yn cerdded y strydoedd ar y dydd Sul heulog, diog hwnnw, neu mi faswn i wedi sgrechian am help. Ond wedi deud hynny, wn i ddim faswn i'n ddigon hyderus i ddechrau sgrechian, a doedd gen i fawr o ffydd ym mhobol y stryd chwaith, achos go brin y byddai unrhyw un wedi dod i'r adwy i fy helpu.

Ond y diwrnod hwnnw, mi fues i'n rhyfeddol o lwcus. Neidiais, bron, ar wib i lawr y grisiau symudol i orsaf danddaearol St James' Park. Ac yn y fan honno, roedd trên ar fin gadael. Llwyddais i wasgu i mewn iddo rhwng y drysau awtomatig oedd yn cau. Gadawodd y trên yr orsaf fel yr oedd fy narpar ymosodwr yn ymestyn am y drws, a 'ngadael innau'n ddiogel y tu mewn i'r cerbyd, fy nghalon yn curo fel gordd.

Roedd gen i stori a hanner i'w hadrodd wrth fy ffrindiau yn yr N.Y.T. wedyn! A chwarae teg i bawb, unwaith y sylweddolon nhw 'mod i'n dueddol o siarad hefo unrhyw un yn unrhyw le, roedd pawb yn warchodol iawn ohona i. Cefais yr un ymateb yn fy llety hefyd – roedd pawb yno yn awyddus iawn i gydymdeimlo a chynnig cyngor mewn ffordd annwyl a chartrefol iawn. Roedd teulu Mr Davies, er mai Cymro Llundain oedd o, yn dod o ardal Dolgellau os cofia i'n iawn, ac mi fydda fo'n dychwelyd yno weithiau i weld ei dylwyth. Ac er nad oedd o'n siarad Cymraeg, gwyddai'n iawn am fodolaeth yr iaith, am gapeli Cymraeg y ddinas, ac am ffyrdd siaradus 'pobol cefn gwlad Cymru' fel fi. Mi ges fy rhoi ar ben ffordd ganddo fo a'i genod ynglŷn â sut i ymddwyn ar strydoedd y ddinas, a rhwng pawb, mi ddois i i'r casgliad nad oedd pobol Llundain yn ddrwg i gyd, o bell ffordd. Deallais drwyddyn nhw fod môr o wahaniaeth rhwng sut roedd rhywun i fod i ymddwyn mewn dinas enfawr gosmopolitaidd a sut oedd bihafio mewn pentrefi a threfi bach agos-atoch-chi ym mherfeddion cefn gwlad. Ac yn Llundain hefyd y dysgais i fod amgylchiadau cymdeithasegol pobol yn amlwg yn ddylanwad o bwys arnyn nhw, yn ogystal â chefndir seicolegol unigryw pawb. A gallaf dyngu bod y profiad o fod yn aelod o'r N.Y.T. yn un gwerthfawr a bythgofiadwy iawn. Roedd hi'n andros o fraint cael fy nerbyn yno.

Rhan 2

Cerrig o'r Awyr

Roedd Edgar Wilias newydd eistedd yn ei ardd gefn, o dan ffenest ei dŷ teras gwledig, yn hwyr un nos Sadwrn braf o haf. Syllai ar leuad llawn odidog, gan ryfeddu ar ei goleuni llesmeiriol wrth yfed mygiad o de a bwyta darn o dorth frith. Ond yn sydyn reit, digwyddodd rwbath digon annifyr iddo fo. Disgynnodd carrag 'run faint â thomato bach o'r awyr reit i ganol 'i banad o.

'A-a-a-a-w! Myn diawl, ma' isio gras,' ebychodd, gan sychu'r dafnau o ddiod boeth oedd wedi tasgu ar ei law a'i fogail. 'Y blincin adar 'na! Clwydo ar gorn simdda'r ddynas ryfadd newydd 'na drws nesa, m'wn, a lluchio cerrig a brwgaij i lawr am 'y mhen i!'

Ochneidiodd, a syllodd eto ar y ffurfafen. Ymhen munud neu ddau roedd o wedi anghofio am y garreg a'r jac dôs, ac wedi troi ei sylw drachefn at y lleuad a'r sêr, 'yn llu canhwyllau' uwch ei ben. Ymlaciodd yn llwyr, yna cofiodd yn sydyn am ei fara brith. Wedi iddo osod ei gwpan ar y bwrdd bychan o'i flaen aeth i'r afael â'r dorth, gan sglaffio darn go nobl ohoni, ac un arall wedyn, a gorffen y cwbwl mewn un llwnc bron.

Syllodd ar y sêr unwaith eto, gan ddylyfu gên mewn gollyngdod. Hefo gwên lydan, meddyliodd, 'Dyma be 'di nefoedd!'

Rhoddodd ei blât ar y bwrdd ac estyn am y banad. Fel roedd o ar fin cymryd llymaid i hel gweddillion y bara brith i lawr, sylweddolodd fod rhyw ewyn rhyfadd ar wyneb y te.

'Ewadd!' ebychodd Edgar yn syn wrth rythu ar y swigod cynhyrchiol, 'naill ai ma' 'ngolwg i 'di dechra pylu neu mae'r te 'ma 'di dechra ffrothio fel milc shêc!' Ystyriodd am funud neu ddau a oedd hi'n beth call iddo fo ei yfed o gwbwl. Ond ddiflannodd y swigod felly mentrodd Edgar gymryd cegiad fawr. Bu bron iawn iddo dagu a chwydu 'run pryd, achos roedd y garreg roedd Edgar wedi anghofio amdani, ac a oedd wedi bod yng ngwaelod ei gwpan, bellach yn ei geg!

'Y-y-y-yrg-ch-pff!' Poerodd hi allan. Saethodd y garreg o'i geg fel ergyd o wn a glanio'n dwt ar y plât briwsionllyd.

'Nefi wen!' ebychodd Edgar. Taflodd waddod ei banad i'r gwely rhosod gerllaw.

Roedd o ar fin cau ei lygaid a chysgu llwynog (rhag i Nora, ei wraig, darfu arno) pan sylwodd ar ei blât cacan a'r garreg oedd arno.

'Wel myn brain i!' ebychodd, gan grafu ei ben, 'Ydy 'ngolwg i'n gwanio, 'ta ydi'r garrag 'na'n ... yn... wel, yn *symud*?' Ond methodd Edgar â datrys ei benbleth yr eiliad honno gan i Nora frathu ei phen rownd y drws cefn a gweiddi arno:

'Ed-gaaar! – Be ti'n wneud yn fanna a dy geg yn 'gorad rêl llo cors gefn nos fel hyn, dwa'? – Ti'n edrach 'tha llyffant yn trio dal pry!'

Melltithiodd Edgar Wilias ei wraig dan ei wynt. Cododd yn ara deg ac anfoddog i'w hwynebu. Roedd gwneud hynny o'i ista'n beth digon anodd a deud y lleia, gan ei fod o mor dindrwm a blonegog, a thros ei ddeg a thrigain.

'Wel?' gofynnodd.

'Wel be?' holodd hitha.

'Be s'isio i mi neud i ti rŵan, Nora?'

'Dŵad i dy wely siŵr iawn, yn lle llyffanta yn fanna!' brathodd ei wraig.

'Ia, wel ... ma' hi'n braf 'ma', meddai Edgar yn gloff, yn rhyw deimlo piti drosto'i hun.

Edrychodd Nora ar ei gŵr am funud neu ddau, nes iddo deimlo fod raid iddo fo roi rhywfaint o eglurhad iddi.

'Yli'r lleuad a'r sêr 'cw fan'cw ... Ma' hi mor gynnas heno, ac ma' ista ar y fainc 'ma'n cael panad dan y sêr 'fath â bod ar holidês ...'

Ochneidiodd Nora. Gwyddai ei bod wedi colli'r ddadl, achos pan fyddai ei gŵr yn dechrau mynd i berlewyg a rhamantu am y lleuad, fyddai 'na ddim troi arno fo. Doedd waeth iddi ymuno hefo fo i syllu ar y sêr ddim, felly edrychodd hitha ar y nos, a cheisio'i gweld drwy lygaid ei gŵr. Yna, â rhyw bendantrwydd yn ei llais wrth gamu i eistedd ar y fainc, dyma hi'n deud:

'Dos i neud panad arall o de i ni'll dau, Edgar.'

Lledodd gwên fach fuddugoliaethus ar wyneb hwnnw, a diflannodd i mewn i'r gegin gefn i ferwi'r teciell, tra setlodd Nora ar y fainc a chau ei llygaid i arogli a drachtio'r awelon persawrus a ddeuai o rosod y bordor bach.

Rhyw gwta bum munud y bu hi felly yn mwynhau ei hun cyn iddi hitha gael ei styrbio wrth deimlo rhywbeth bach caled yn ei tharo ar ei phen. Ac i ddilyn hynny, glaniodd dwy neu dair arall yma ac acw – wrth edrych arnyn nhw yng ngolau'r lleuad, tybiai mai cerrig mân oedden nhw – wrth ei hymyl. Heb feddwl eilwaith daeth i'r un casgliad â'i gŵr.

'Y blincin' adar 'na'n crafu ar ben y to eto!' ebychodd Nora. 'Hen bryd i honna drws nesa roi caead call ar 'i chorn simdda. Ma' hi'n poeni mwy am yr adar nag ydi hi am gyflwr 'i thŷ!'

'Siarad efo chdi dy hun w't ti?' holodd Edgar wrth ddynesu tuag ati hefo dwy banad boeth, un ym mhob llaw.

'Melltithio'r hen adar 'na ar y corn dwi, Edgar,' meddai Nora'n swta.

'O. Rheina,' meddai Edgar wrth ollwng ei hun fel sachaid o datws ar y fainc wrth ymyl ei wraig, ar ôl trosglwyddo'i the iddi. Cymerodd Nora lymaid ohono.

'Er ... dwn i'm ai *adar* sy 'na, erbyn meddwl,' meddai'n feddylgar.

'Y?' oedd unig sylw'i gŵr.

'Wel, 'sat ti'n meddwl bysan nhw 'di clwydo bellach, yr amsar yma o'r nos.'

'Be arall 'lasa fod yn taflu cerrig ar ein penna ni, ta?'

Ochneidiodd Nora, ac aeth rhyw gryndod drwyddi. 'Dwn i'm ... llafna ella? Yn ca'l sbort am ben hen gryduria'd fel ni?'

'Paid â mwydro. Adar sy 'na. Saff 'ti. 'Sna'm llafna'n byw ffor'ma, nagoes?'

'Mmm ... na, ma' siŵr bo' chdi'n iawn. Ond dwi'n deu'tha chdi, Edgar, os nythan nhw yng nghorn simdda'r Nimbi wirion 'na, a hitha heb glem bod isio morol na tydyn nhw ddim i wneud y ffasiwn beth, geith hi damprwydd yno – ac yn ein corn simdda ninna hefyd 'sa' hi'n dŵad i hynny, achos ma'n corn ni a'i chorn hitha gefn yn gefn, tydyn?'

'Hmmm,' oedd ateb Edgar. 'Sa'n well 'mi ga'l gair efo hi ...'

'Basa debyg,' cytunodd Nora, a rhyddhad yn ei llais, 'achos sgin y petha ifanc penchwiban 'ma ddim clem, nagoes. Newydd ddŵad yma i fyw o ryw ddinas ma' hi!'

'Ia, dallt be sgin ti, debyg,' ochneidiodd Edgar. 'Be ddeudist ti oedd 'i henw hi eto?'

'Nimbi.'

''Glwy'! Am ddiawl o enw od.'

'Ia. Un od ydi hi!'

'Sut gwyddost ti ma' Nimbi 'di 'i henw hi, Nora?'

'Sali Ann Siop Nymbar Wan soniodd rwbath amdani echdoe yn dre. Talfyriad o ryw enw arall crandiach 'di o 'ma raid, 'te.'

'Hmmmm,' meddai Edgar, heb fod yn siŵr oedd ei wraig yn iawn ai peidio, achos gwyddai y gallai fod yn ddigon di-ddallt ar adegau.

Aeth peth amser heibio wrth i'r ddau eistedd yn glòs a chytûn, yn sipian te bob yn ail â drachtio tawelwch y nos.

Yn sydyn, daeth *mwy* o gerrig o uchder ar eu pennau – cryn gwmwl ohonyn nhw, nes fferrodd y ddau yn eu dychryn. Wedi i'r gawod basio, a hwytha'n eu harchwilio'n fanylach, mi sylweddolon nhw nad cerrig oedd yn glanio o'u hamgylch nhw.

'Wel myn diawl!' gwylltiodd Edgar. 'Dwi'm yn ama' mai chdi oedd yn iawn wedi'r cwbwl, Nora!'

'Y? Be ... be ti'n feddwl?'

'Wel ma' rhywun newydd ein pledu ni efo *malwod*! Dwi'm yn meddwl basa adar yn ddigon clyfar i wneud peth felly!'

Closiodd Nora at Edgar yn ofnus, a sibrwd yn ei glust. 'O's 'na rywun yn llechu'n rwla ac yn edrach arnan ni, dŵad?' gofynnodd yn betrusgar.

'Wel os oes 'na, mi ro' i dro yn 'i gorn gwddw fo!' sgyrnygodd ei gŵr dan ei wynt. Erbyn hyn, roedd y ddau wedi gostwng eu lleisiau'n sylweddol, ac yn siarad mewn sibrydion.

'O, paid â 'mosod ar neb, *plis*!' ymbiliodd Nora, 'Ti rhy hen a rhy dew, Edgar!'

'Hen o faw!' wfftiodd Edgar. 'Dwi ddim yn rhy hen i fynd i chwilio pwy sy 'na'n prowla, siŵr!' a chododd ar ei draed yn rhyfeddol o sydyn, a chysidro ...

Yng ngolau clir y lleuad, ymbalfalodd at y gwrych oedd yn ffin rhwng eu tŷ nhw a thŷ Nimbi-drws-nesa. Rhythodd ar ei gardd. Mewn rhai eiliadau, cymerodd ei wynt yn siarp.

''Glwy' mawr!' ebychodd mewn braw.

'B-be sy?' sibrydodd Nora dan ei gwynt.

'Ma' 'na rywun yn prowla'n din clawdd gardd Nimbi!'

'Esgob annw'l! Sut gwyddost ti hynny dŵad?'

'Ma' gynno fo, neu hi, dortsh. Yli! ... Fan'cw!'

Cododd Nora, a chlosiodd at ei gŵr. Aeth rhyw gryndod drwyddi wrth iddi hithau graffu ar y golau. Rhoddodd Edgar ei fraich yn amddiffynnol am ysgwyddau eiddil ei wraig.

'B-be ny-nawn ni, Edgar?' sibrydodd hitha, mewn ofn a dychryn llwyr.

'Ydi'i rhif ffôn hi gin ti?'

'Rhif ffôn pwy? Heddlu yn y Gymuned, ia?'

'Naci, naci! Rhif ffôn y Nimbi 'na, siŵr! I mi ga'l deu'thi bod gynni hi browlar!' Bu distawrwydd am ennyd. 'Wel? 'Di o gin ti, 'ta be?'

'Nac'di siŵr! I be 'swn i isio ffonio dynas a honno'n byw drws nesa i mi?'

'Ond ... o'n i'n meddwl 'i bod hi 'di rhoi 'i nymbar i chdi y diwrnod o'r blaen – i roi gw'bod iddi hi tasa rhyw ffrind iddi'n cyrra'dd yma o ffwr' yn annisgwyl, a ...'

'O, do! Do, ti'n iawn, 'fyd. Nymbar 'i ffôn bach ro'th hi i mi. Hwnnw ma' hi'n 'i gario yn 'i phocad bob amsar.'

'Wel dos i'w ffonio hi rŵan hyn, 'ta! Deu'thi am ddŵad yma munud 'ma, i ni gael *confrontio*'r lleidar hefo'n gilydd. Yli, mae o'n dal yn din clawdd yn fan'cw efo'i fflachlamp ... Nora?'

Doedd dim angen ei chymell eilwaith. Roedd hi eisoes wedi'i throi hi am y tŷ i ffonio Nimbi.

Cadwodd Edgar lygad barcud ar y prowlar, ac mewn munud neu ddau, rhyfeddodd o glywed ffôn hwnnw'n canu! Ond pan atebodd y drwgweithredwr yr alwad, daeth yn amlwg mai Nimbi ei hun oedd yno. Am ryw reswm, roedd hi'n prowla hefo fflachlamp wrth droed ei gwrych ei hun! Bu ond y dim i Edgar chwerthin dros y lle, ond penderfynodd beidio – rhag ofn gwneud ffŵl llwyr ohono'i hun. Yn hytrach, gan ei fod o'n gwybod yn iawn mai Nora oedd y pen arall i ffôn ei gymydog, penderfynodd glustfeinio ar ochr Nimbi o'i sgwrs hefo'i wraig.

'Helô?' meddai Nimbi. Ddeudodd hi ddim byd arall, ac roedd hi'n hollol amlwg i Edgar bod Nora'n gwneud môr a mynydd o betha ar ben arall y ffôn. Clustfeiniodd eilwaith, ond er mawr siomiant iddo, aeth ei gymydog i mewn i'w thŷ i wrando ar weddill yr alwad.

Ymhen sbel go faith, dyma Nora'n ymddangos. Roedd hi'n amlwg ei bod hi wedi ffrwcsio.

'Wel?' prociodd Edgar.

'Ia, wel,' meddai Nora'n lletchwith. Edrychodd y ddau ar ei gilydd, a dechreuodd Edgar chwerthin. Amneidiodd ar ei wraig i ddod i eistedd ar y fainc wrth ei ymyl, ac aeth hithau ato i adrodd ei stori.

'Ma' hi wedi ymddiheuro am daflu'r holl falwod aton ni,' dechreuodd.

'Esgob! *Hi* oedd wrthi felly?' gofynnodd Edgar, yn llawn cywreinrwydd a rhyfeddod.

''U taflu nhw o'i bordor letys 'nath hi.'

'Bordor letys reit wrth ymyl gwrych? Diawl, dyna be ydi

gofyn am falwod! Pam 'sa hi 'di rhoi *slug pellets* i'w lladd nhw, dŵad?'

''Di hi'm yn coelio mewn rhoi cemicals ar y ddaear nac yn y gadwyn fwyd.'

'O. Ond ma' hi'n coelio mewn pledu hen bensiynwyr hefo malwod! 'Glwy', 'na fi 'di dysgu rwbath newydd!' Syllodd Nora ar ei gŵr, a lledaenodd rhyw wên chwareus ar ei hwyneb main, rhychiog.

'Ma' rhywun yn dysgu rwbath bob dydd, 'sti.'

Edrychodd Edgar yn hir arni, cyn gofyn, 'O? A be ddysgodd Nimbi drws nesa i ti, 'ta?'

Gogleisiwyd Nora, a thrwy ei chwerthin, eglurodd;

'Dim Nimbi ydi 'i henw hi.'

'Dim Nimbi? Be 'di o 'ta?'

'Lowri Fitzgerald-Smythe.'

'Brensiach! Ond sut ...?'

'Mi wnes i 'i galw hi'n Nimbi, ti'n dallt. Ac mi chwarddodd hitha, gan ryfeddu nad o'n inna'n un hefyd.'

'Un be?'

'Nimby, te. Erbyn dallt, rhywun sy'n protestio yn erbyn petha sy'n debygol o darfu ar 'i batsh o'i hun ydi Nimby.'

'Y?'

''I ystyr o ydi *Not In My Back Yard*. Erbyn dallt, mi 'rw't *ti* yn Nimby, a finna'n un hefyd.'

'Ewadd! Dybad?'

'Ydan. Achos 'dan ni'n dau yn gwrthwynebu'r cynllun 'na sy gan y Cynulliad ar y gweill i ledu'r lôn drwy fynd â darn o'n gerddi ffrynt ni.'

'Ydan!'

'Dyna chdi, yli. Ma' hynna'n dy wneud ditha'n Nimby. Ac ma' Nimb... ym, naci ... Lowri drws nesa wedi gofyn yn ddigon cwrtais os awn ni'n dau hefo hi i'r brotest yn dre wsnos nesa.'

Meddyliodd Edgar am hyn, a chysidro'r peth yn ddwys cyn ymateb.

'Mi a' i. Ar un amod,' meddai.

'O?' holodd Nora'n chwilfrydig.

''Mod i'n ca'l trefnu i Cemlyn Simdda ddŵad yma i llnau cyrn ein dau dŷ ni gyntad â phosib, a gosod caeada cry arnyn nhw, i 'mada'l â'r adar. Dda gin i ddim rhyw hen betha pluog yn clwydo a nythu yn 'y nghorn i!'

'Brensiach, Edgar!' ebychodd Nora'n ddireidus, 'Mi rw't ti wir yn Nimby i'r carn!'

'Ydw, myn uffar i!' cytunodd yntau.

''Swn i'n deud bod nesa peth i bawb drw'r byd yn Nimbis wrth reddf,' meddai Nora.

'Ew! Dybad?' ystyriodd Edgar gan ryfeddu bod ei wraig mor athronyddol.

'Saff 'ti, Edgar,' meddai hitha'n frwdfrydig. 'Achos fwy aml na heb, onibai 'i fod o 'di ca'l 'i ddrilio i'r eitha ar sut i fihafio'n dda a medru 'styriad teimlada pobol eraill, gwarchod 'i fuddianna'i hun neith rhywun bob tro. Dyna'r natur ddynol i ti.' Chwarddodd y ddau, a chododd Nora a 'nelu'n fân ac yn fuan am y drws cefn, yn awyddus iawn i fynd i glwydo.

Arhosodd Edgar Wilias am funud neu ddau'n hwy ar y fainc, i sawru rhin ei rosod a syllu ar y sêr cyn ei throi hi am y ciando. Yna ochneidiodd, cyn codi a dilyn ei wraig. Ond fel roedd o ar fin camu dros y trothwy, teimlodd rywbeth caled yn ei daro yng nghefn ei ben. Ebychodd mewn poen, gan fod 'na rwbath gwaeth na malwen wedi ei daro. Edrychodd o'i gwmpas, a be welodd o ar y llawr wrth ei draed ond clamp o afal Bramley mawr – yn amlwg yn un oedd wedi'i ddwyn oddi ar ei goeden o'i hun!

'Be ddiawl?' meddyliodd. Ond wedyn, roedd o wedi ymlacio gormod i bendroni am y peth.

'O, twll!' ebychodd, gan droi ar ei sawdl. Yn ddiymdroi, caeodd y drws cefn yn glep, a'i gloi, a mynd i'w wely heb yngan gair am yr afal wrth Nora. Mi gâi hynny aros tan y bora.

Gwrando

Gwrandawodd ar y lleisiau:

Roedd strydoedd oer y ddinas fechan honno yn fwrlwm yn y gwyll, a phobol a cheir yn heidio am adra blith-draphlith. Byddarol oedd trwst y traffig arferol, yn gyfuniad o honcian cyrn a refio injans ceir. Gwrandawai hithau ar sŵn y lleisiau. Rhai'r bobol rheiny fu'n gaeth drwy gydol y dydd yn eu swyddfeydd anghysurus: y gweithleoedd mwyaf annifyr hynny oedd naill ai'n focslyd fach, neu'n gaeau digymeriad di-liw. Ymchwyddai'r cecru a'r cwyno a glywai yn un côr aflafar, a chresiendo'r lleisiau'n bloeddio'u hawl i fod yn rhydd o'r diwedd. Rhai, o leiaf. Tybiai hi fod lleisiau eraill, fel ei llais ei hun, yn hollol fud ynghanol y torfeydd morgrugog – o ddewis efallai – a'u perchnogion, boed yn athrawon neu anerchwyr, wedi holl berfformio'r dydd, yn deisyfu mwngial eu pytiau sgyrsiau'n swta bob rhyw hyn a hyn ar eu siwrneioedd lluddedig am adref.

Clustfeiniodd fwyfwy ar yr amrywiol synau.

Clywodd ymchwydd y traed yn curo eu rhythmau ar bafinau: rhai curiadau pwrpasol a sionc, eraill yn araf a digyfeiriad, a lle trybowndiai'r rhai ymwthgar gan atseinio'u presenoldeb drwy'r dref, ymlusgai eraill tuag at aelwydydd digroeso, o bosib. Gwrandawodd eto, a thybio bod pobol ddisymud yn sefyll yn eu hunfan yno: yn sefyll yn hollol stond ac ar goll ...

Daeth cawod drom o eirlaw a chenllysg mwya' sydyn, gan newid tempo'r rhythmau oll. Boddwyd synau'r traed a'r lleisiau a'u sbydu ar ddisberod, nes eu distewi'n ddim. Chlywodd hi ddim byd wedyn, dim ond sŵn teiars ar y tarmac gwlyb, a'r glaw di-baid yn dal i bledu'r palmentydd. Wedyn, pylodd pob sŵn. Bu ond y dim iddi hithau ymsuddo i ddüwch y nos ond clywodd ddau bâr o draed yn cerdded tuag ati, ac yna'r ddau lais ddaeth i'w canlyn.

'Sh! – G'randa!'

'G'randa be?'

'Sŵn rwbath ... asu, sbia ar honna!'

'Pwy?'

'Y *bag lady* chwil 'na.'

'Lle ma' hi?'

'Wel yn *fanna*, de, yn tw'llwch!'

'Yn lle ...?'

'Fanna! Bat! Llgada chdi'n da i'm byd 'ta be? – Sbia – fan'cw!'

'Sut w't ti'n disgwl i mi weld yn twllwch a hitha'n piso bwrw?'

'Hisht! G'randa.'

Ar gais Dwayne, clustfeiniodd Glyn. 'Asu, ia 'fyd!' meddai, ar ôl gwrando ar y glaw yn diferu dros y domen o fagiau bin oedd wedi eu gadael wrth ddrws siop ar gyfer casgliad y lorri ludw fore trannoeth. 'Ma' 'na rywun yn cuddiad tu ôl i'r bagia 'na, ac yn mygu a chwythu fel tasa 'na nytar 'di rhoi *chase* iddyn nhw! ... Na, gwitsia. Dwi'n 'i gweld hi rŵan, dwi'n meddwl. Sut ti'n gwbod ai dynas ta dyn ydi hi, eniwe?'

'Dynas 'di.'

'Ond sut ti'n gwbod?'

'Ma' fo'n *obvious* siŵr Dduw!'

'O? Ond sut ti'n? ... O, yndi – o *shit, man!* Dwi'n gweld rŵan. ... Be s'arni hi, dŵad?'

''Di colapsio'n drws y siop wag 'na ma' hi, de – reit i mewn yn y rybish!'

'Well i ni ffonio ambiwlans.'

'I be?'

''Cofn 'i bod hi'n sâl, de.'

'Pff! *Waste o' time.* Jyst drync ne drygi 'di honna, saff 'ti.'

'Ia ond ...'

''Sna'm point achub *wasters* fel'na. 'Sna'm digon o bres yn y wlad 'ma fel ma'i! 'S'im isio'i wastio fo ar bobol fel'na!'

'Ond ella ...?'

'Ty'd.'

'Na, well i fi ...'

'O, c'mon, Glyn, paid â malu cachu!

*　*　*

A hitha'n swrth a diymadferth rhwng byw a marw mewn drws siop, a'i bagiau a sbwriel o'r biniau yn glwstwr o'i hamgylch, fedrai hi ddim meddwl am godi na cherdded ymaith. Roedd anadlu'n fwrn garw arni. Prin y gallai hi dynnu llond gwniadur o aer i'w 'sgyfaint. O hirbell, gwrandawodd ar leisiau'r llafnau yn eu llodrau lledr yn parhau â'u parablu di-baid. Ymhen y rhawg, pylodd eu sŵn wrth iddyn nhw ymbellhau. Gwaniodd hithau, a llesgáu. Dim ond diferion dŵr yn tasgu dan deiars ambell gar wrth iddo fynd heibio glywodd hi wedyn, ar wahân i bitran-patran y glaw ar y plastig du.

*　*　*

Yng nghlydwch tân coed diddos y dafarn, lle roedd sŵn tincial gwydrau a sgwrsio byrlymus y cwsmeriaid yn falm, eisteddai tair o ferched anghymarus yr olwg o amgylch bwrdd derw bychan yn mwynhau potelaid – neu ddwy – o win. Roedden nhw eisoes wedi bwyta, a'u bryd ar gloi eu noson allan drwy barhau â'u hymddiddan a'u hwyl tan stop tap. Newydd gwblhau tymor o gwrs ysgrifennu creadigol yn y coleg technegol lleol yr oedd y tair. Dyna'r unig beth oedd yn gyffredin iddyn nhw mewn gwirionedd, gan eu bod yn amrywio o ran oedran, personoliaeth a chefndir.

Pwysodd Delyth yn ôl yn fodlon yn ei chadair, ei dwylo ar ei gwegil a'i choesau hirion yn ymestyn o dan y bwrdd. Dylyfodd ên yn ddiog wrth droi clust fyddar ar chwerthin a thynnu coes y ddwy arall. Ystyriodd y byddai wedi bod yn braf cael cwmni Rhiannon hefyd heno – roedd honno'n nes at ei hoedran hi na'r lleill. Ond chafodd hi fawr o gyfle i sawru eiliad i feddwl yn hwy cyn i Lauren, mam ifanc yn ei thridegau cynnar, sylwi ar ei synfyfyrio.

'Hei, Delyth, ti efo ni, 'ta be?'

'Be? O ... y ... ydw.'

'*Away with the fairies* yn rwla,' ychwanegodd Ceri, yn tynnu arni. 'Meddwl am ryw ffansi-man rŵan 'i bod hi'n fansi-ffri!'

Ymunodd Delyth yn gwrtais yn eu chwerthin penchwiban, gan eu hatgoffa'n raslon ei bod hi'n tynnu am ei thrigain oed, yn sengl am y tro cyntaf ers degawdau a'i phlentyn ieuengaf newydd adael cartref i ganlyn ei chwiorydd hŷn i'r byd mawr y tu allan. Ar ôl ei phrofiad o ysgariad digon anodd, y peth olaf ar ei meddwl oedd chwilio am ddyn arall.

'Ti'm yn teimlo'n *lonely* heb ddyn, Delyth?' holodd Ceri, yn methu'n glir â dirnad sut beth oedd bod yn ddigymar, heb sôn am beidio â bod isio dyn.

'Nac'dw, 'sti. Mae 'na rwbath reit braf yn y peth ...'

'Ia, ond sgynna chdi'm hira'th ar 'i ôl o?'

Ystyriodd Delyth am eiliad. 'Nagoes. Dim. Ond mi fydda i'n gofyn i mi fy hun weithia wnaethon ni weithio'n ddigon caled ar y briodas ... roeddan ni'n rhy brysur i wrando ar ein gilydd.' Ochneidiodd. 'Ond be dwi haws â meddwl fel'na? Erbyn hyn, dwi'n cael gwneud fel lecia i – a dydi hynny ddim yn ddrwg i gyd.'

'O, ia, fedra i ddallt hynna!' cydymdeimlodd Lauren. 'Dyna pam nes i joinio'r cwrs sgwennu – i helpu Dewi bach efo'i ddarllan, dwi'm yn deud – ond o'n i jest isio brêc o'r tŷ am dipyn 'fyd ... er bo' fi'n meddwl y byd o Alun a'r plant.'

'Fflipin 'ec!' ebychodd Ceri. ''Na i jest sticio at fy fflings dwi'n meddwl! Ma' gwrando arnach chi'ch dwy yn rhoi fi off setlo i lawr efo neb!'

'Pam ddoist *ti* ar y cwrs sgwennu 'ta Ceri?' holodd Delyth yn chwilfrydig.

'Ffansïo'r tiwtor o'dd hi siŵr!' Bachodd Lauren ar ei chyfle i dynnu coes. Ond lwyddodd hi ddim, gan fod Ceri wedi'i hateb ar ei hunion.

'*Too right!* Mae gan y Gwyndaf Price bach 'na din 'sa'n troi'r hogan fwya swil yn y byd yn *rampant!*'

Chwarddodd y merched yn gymodlon, a chwifiodd Ceri'r botel hanner llawn gan hwrjio'r ddwy arall i'w gwagio drwy 'roi clec sydyn' i'r gwaddod oedd yn eu gwydrau er mwyn cael eu llenwi drachefn.

'Deud i mi, Ceri,' gofynnodd Delyth, yn llawer mwy tafotrydd ac eofn nag arfer oherwydd y gwin, mewn ymgais digon didwyll i ddeall meddwl y to ifanc. 'Sut w't ti'n medru gwisgo dillad hafaidd fel'na a hitha'n gefn gaea?'

Ystyriodd Ceri yn ddwys am eiliad. 'Ffasiwn 'di o, 'de.'

'Be, ti'n fodlon fferru er mwyn bod yn ffasiynol?' gofynnodd Delyth yn ffug-anghrediniol, efo rhyw natur tynnu coes.

'Ydw siŵr!' atebodd Ceri'n bendant. 'Ddeudis i wrtha i fy hun cyn dod allan heno – di o'm ots gin i am y glaw, dwi'n mynd allan yn *strapless – even though* ma' hi'n bwrw eira ac yn *freezing!*'

Chwarddodd y tair. Yn ddistaw bach, roedd Lauren yn falch rywsut fod Delyth wedi gwneud sylw am wisg a cholur dros-ben-llestri Ceri, gan ei bod hi ei hun yn teimlo mor ddi-nod yn ei jîns a'i siwmper binc-candi-fflos o'i chymharu â Ceri benfelen-botel.

Ciledrychodd Delyth drwy ffenest y dafarn am ennyd ar ddüwch gwlyb y nos. Yng nghefn ei meddwl, daliai i bendroni am Rhiannon. Pam andros na ddaeth hi hefo nhw heno, a hitha wedi addo?

*   *   *

Yng nghanol oerni'r noson wleb honno, hefo dim ond y sbwriel a'i bagiau yn gwmni iddi, ymbalfalodd am ei ffôn symudol. Daeth o hyd iddo ym mhlygion ei dillad. Oherwydd ei gwendid corfforol, gwyddai'n reddfol y byddai'n rhaid iddi lwyddo i decstio, doed a ddelo, achos erbyn hyn, roedd ei hanadlu'n rhy wan iddi fedru siarad â neb. Aeth i'r afael â'i ffôn, a dechrau llunio neges destun. Dyna pryd y cyrhaeddodd *o*, a chymryd y teclyn oddi arni.

*   *   *

'Hei, c'mon! Mwy o win!' hwrjiodd Ceri yn chwil geiban.

'Dim diolch!' cyd-adroddodd y ddwy arall.

'O, *c'mon!*' dechreuodd Ceri swnian eilwaith.

'Ti'm angen tropyn arall!' ceisiodd Lauren ei pherswadio.

Ystyriodd Ceri hynny cyn ymateb. 'Asu, *too right* 'fyd,' meddai. 'Dim mwy, 'cos ma' 'mhen i yn 'y nhin i'n barod!'

Chwarddodd y ddwy arall, o ryddhad yn fwy na dim, achos gallasai Ceri fod wedi colli'i limpyn. Doedd dim syndod ei bod hi mewn dipyn o stad gan mai hi oedd wedi yfed y rhan fwyaf o'r gwin beth bynnag.

'Coffi bach 'sa'n dda rŵan,' meddai Delyth, yn famol henffasiwn.

'Ew, ia!' cytunodd Ceri, 'a' i i'r bar i ordro tri coffi mawr.'

'Na, mi a' i,' mynnodd Delyth, gan godi ar ei thraed yn sydyn, yn amau na fuasai Ceri'n ddigon 'tebol i gyrraedd y bar.

'Na, ma'n iawn!' mynnodd Ceri, oedd yn meddwl iddi gael cip ar eu tiwtor, Gwyndaf Price, yn gwasgu'i ffordd i'r bar drwy'r dafarn orlawn. A chyn i'r ddwy arall fedru'i rhwystro, roedd hi'n baglu'n simsan tuag ato.

Edrychodd Delyth a Lauren ar ei gilydd gan rowlio'u llygaid.

'Fydd hi'n iawn i gerddad adra yn y stad yna, dŵad?' pryderodd Delyth.

'Gawn ni dacsi iddi,' atebodd Lauren yn ddiamynedd braidd, a newidiodd y pwnc gan fod ffysian canol-oed Delyth yn mynd ar ei nerfau. 'Ddylwn i fynd adra'n y munud beth bynnag, i wneud yn siŵr bod Alun 'di rhoi'r trŵps yn 'u gwlâu.'

'Awn ni'n tair adra ar ôl gorffen ein paneidiau felly,'

datganodd Delyth, gan fethu cuddio'r rhyddhad yn ei llais. Gwenodd y ddwy'n ansicr ar ei gilydd, heb fod yn siŵr i ble roedd eu sgwrs am fynd nesa, ond ymhen rhyw funud neu ddau, dechreuodd Lauren brocio:

'Ti 'di mwynhau heno 'ta?'

'Do, tad.'

'Oddat ti'n ddistaw.'

'Mmm ... methu dallt Rhiannon dwi.'

'Rhiannon? Be, o'dd hi am ddŵad efo ni heno 'ma?'

'Oedd, 'sti, ac yn edrach 'mlaen. Cael 'i thraed yn rhydd am dipyn bach yn lle bod yng nghwmni'i mam bob awr. Ma' honno'n ffwndro'n arw, medda hi, a Rhiannon sy'n gofalu amdani y rhan fwya o'r amser. Ella bod ei chwaer 'di methu gwarchod heno ... ond rhyfadd na fasa Rhiannon wedi ffonio i ddeud bod rwbath 'di codi. A fedra i'm cael gafael arni ar y ffôn tŷ na'i mobeil. Ella bod yr hen wraig 'di cael pwl drwg, a drysu'i phlania hi ...'

'Mmm. Ella,' meddai Lauren, a'i meddwl ymhell.

Yn sydyn, clywodd y merched andros o sgrech wrth i Ceri faglu ar draws ei thraed ei hun a rhegi nes bod yr awyr yn biws. Roedd y tri choffi mawr oedd ar yr hambwrdd yr oedd yn ei gario yn foddfa hyd y lle, a rhai o gwsmeriaid y dafarn wedi cael trochfa boeth a hynod annisgwyl!

Rhuthrodd y ddwy arall draw i'w helpu ar draws llwybr dyn oedd yn cerdded i mewn. 'Hmmm, merched slwj nos Wener!' meddyliodd hwnnw, wrth ddod o'r oerni at y bar i archebu'i ddiod. Ond fedrai o ddim gweld yn union be oedd wedi digwydd chwaith, gan fod ei sbectol gwaelod-pot-jam yn dal i stemio er gwaetha'r ffaith ei fod o'n sychu'r gwydrau'n gyson hefo'i lawes. '*Typical!*' meddyliodd wedyn, wrth glywed y sgrechiadau a'r chwerthin aflafar. Lledodd rhyw hanner gwên ar ei wefusau cadarn.

Ar ôl sychu rhywfaint o'r coffi oddi ar Ceri ac ymddiheuro'n llaes i'r yfwyr anffodus oedd wedi cael trochfa, llwyddodd

Delyth i lusgo 'Miss Ceri Strapless', fel y'i llysenwodd hi, i lochesu wrth fwrdd mewn cornel dawel. Gwthiodd Lauren ei hun at y bar hefo'r hambwrdd a'r tri mẁg gwag.

'Sgiwsiwch fi,' meddai wrth y dyn oedd newydd gerdded i mewn. Trodd yntau a rhythu arni drwy wydrau stemllyd ei sbectol.

'Iawn,' meddai, a gwneud lle iddi wrth ei ymyl.

Roedd y dafarn yn brysur, a Lauren yn teimlo'n lletchwith wrth aros i gael sylw un o'r gweinyddwyr tu ôl i'r bar.

'Be ddigwyddodd?' holodd y dyn yn gyfeillgar, wrth amneidio tuag at yr hambwrdd a'r mygiau.

'Be?' meddai Lauren yn ddrysyd.

'Baglu nest ti? Welis i chdi ar lawr gynna, a ...'

'O! Na. Naci. Fy ffrind ollyngodd y coffi.'

'O,' meddai yntau, yn gyndyn o'i chredu.

'Dwi'n deud y gwir!' taerodd Lauren yn flin, gan ystyried ei throi hi am adref, mor bell ag y gallai o'r twll chwyslyd yr oedd hi ynddo.

Lledaenodd gwên araf, ddiog ar draws wyneb y dyn, yn ei hudo hi i edrych i fyw ei lygaid. Ac er bod y rheiny o'r golwg bron tu ôl i'w sbectol drwchus, roedd 'na ryw anwylder ynddyn nhw, meddyliodd Lauren. Rwbath oedd yn dweud y gallai hi ei drystio, hyd yn oed. Cochodd, ysgydwodd ei phen, ac edrychodd draw. 'Callia,' meddyliodd, 'paid â dechra' ffansïo hwn! Ti'n fam, ac wedi priodi ... a 'di o'm yn hync beth bynnag!' Ond roedd hi'n andros o lawn a phrysur yn y dafarn, a hithau wedi ei gwasgu fel sardîn wrth y bar, yn dynn wrth ochr y boi 'ma oedd yn gwneud iddi deimlo'n reit wan a deud y lleia ...

'Ti isio i mi ordro diod i chdi?' holodd y dyn, wrth weld bod Lauren yn methu tynnu sylw'r barman.

'N-na, dwi'n ocê 'sdi, diolch,' atebodd Lauren. Ond doedd hi ddim. Wel, dim cweit, achos er gwaetha'i rhesymu, doedd hi ddim isio i'r funud honno orffen, ac roedd hynny wedi rhoi sgytwad iddi. Roedd rhywbeth gwefreiddiol ynglŷn â'r sefyllfa hon – munud neu ddau o ddihangfa wrth sefyll, yn boeth, ochr yn ochr â dyn dierth oedd yn amlwg yn hen foi clên er gwaetha'r ffaith fod ganddi hi foi clên arall yn aros amdani adra ... a hwnnw'n fwy o hync na hwn, tasa hi'n dod i hynny.

Ond dim ond am eiliadau'n unig y cafodd hi gyfle i flasu'r wefr anghyfarwydd o ffansïo'r 'dyn arall', gan iddi deimlo rhywun yn pwnio'i hysgwydd, a llais cyfarwydd Ceri'n gofyn yn floesg;

'Ti 'di gweld Gwyndaf Preiz yn 'wla, Lauren?'

Suddodd calon fyrlymus Lauren i'w sgidia.

'Be ti isio, Ceri?' holodd yn swta.

'Dyn!' meddai honno, yn diferu o awch. A'r funud nesa, roedd hi wedi rhoi hergwd i Lauren druan o'r ffordd, er mwyn iddi hi'i hun gael closio at y dyn rhydd cynta y glaniodd ei llygaid arno – sef dyn y sbectol drwchus. Ar hynny, daeth cyfle Lauren i archebu a derbyn mwy o goffi. Nid i dair yr archebodd hi'r tro yma, ond i ddwy yn unig.

* * *

Roedd Delyth wedi hen syrffedu aros am y coffi a dandwn yr hogan Ceri wirion 'na, oedd wedi llwyddo i droi 'i throed a throchi pawb. Er gwaethaf hynny, wnâi hi ddim aros yn llonydd, a gwyliodd Delyth hi'n hercian yn ei hôl i ganol cymdeithas y dafarn orlawn.

'Syniad gwirion oedd dod allan o gwbwl,' meddyliodd. 'Mi fasa'n well 'swn i 'di mynd yn syth adra ar ôl y ddarlith sgwennu creadigol ola 'na, a phicio i dŷ Rhiannon.' Ond wedyn, ystyriodd, ella na fasa hi adra. Rhyfedd. Doedd o ddim yn natur Rhiannon i beidio gwrando ar negeseuon ar ei ffôn.

Cyrhaeddodd Laura hefo coffi bob un iddyn nhw i dorri ar ei synfyfyrio.

'Ddois i â mygiad bob un i ni'n dwy,' meddai, braidd yn sarrug, wrth ollwng ei hun yn flinedig ar gadair wrth ymyl Delyth ac estyn y coffi iddi.

'*Ti* 'di 'laru 'ma hefyd, do?' gofynnodd Delyth yn obeithiol.

'Do!' oedd ateb di-flewyn-ar-dafod Lauren. 'Mistêc oedd dŵad yma o gwbwl!' meddai.

'Tw effin' reit, fel basa Miss Strapless – wps ... Ceri'n ddeud!' meddai Delyth.

Edrychodd Lauren mewn rhyddhad ar Delyth, a chwarddodd yn gymodlon oherwydd eu cyd-ddealltwriaeth newydd.

'Yfwn ni'r coffi, a mynd o'ma, ia?' cynigiodd Lauren.

'Be am Ceri?' ystyriodd Delyth o difri, 'fedrwn ni'm 'i gadael hi yn y stad yna, yn gorfeddian hyd unrhyw ddyn welith hi!'

'Ma' hi'n hen ddigon tebol i edrach ar ôl 'i hun!' ebychodd Lauren. 'Sbia, ma' hi'n fan'cw rŵan hyn hefo dau hogyn yn *droolio* drosti!'

Edrychodd Delyth i gyfeiriad amnaid pen Lauren, a dyna lle roedd Ceri'n mwynhau ei hun, yn mynd drwy'i phetha ac yn cael sylw glafoeriog rhyw lafnau mewn llodrau a siacedi lledr – a'u trowsusa'n hongian hanner ffordd i lawr bochau eu penolau nhw. Yn amlwg, roedd dyn y sbectol wedi cael digon arni, meddyliodd Lauren, wrth sylwi nad oedd golwg o hwnnw yn unman. Twt-twtiodd Delyth, a dal i bwyso y dylen nhw eu dwy fynd i'w hachub hi o'i chaethgyfla.

'Waeth i ti heb, Delyth. Wrandith genod 'fath â Ceri ddim ar neb. Ma' hi isio dyn, a dyna fo,' oedd ateb pendant Laura.

Yn sydyn, canodd ffôn Delyth ym mherfeddion ei bag llaw. Cythrodd amdano, a chymryd ei gwynt ati mewn rhyddhad pan welodd mai rhif Rhiannon oedd yn galw.

'Rhiannon! Lle wyt ti? Ti'n iawn?'

Chafodd hi ddim ymateb. Er iddi wrando'n astud, allai hi ddim clywed neb na dim ar y pen arall.

'Rhiannon?' meddai wedyn, yn dechrau poeni. Roedd ffôn ei ffrind newydd gael ei ddiffodd.

Syllodd Lauren ar Delyth.

'Mae 'na rwbath o'i le 'does?' sibrydodd Lauren.

'O, dwn i'm!' ochneidiodd Delyth, yn ceisio ymdawelu. Ond doedd brath ei phryderon ddim ymhell.

Cododd y fam ifanc ei hysgwyddau. 'A' i jest i'r lle chwech', meddai, 'ac wedyn, awn ni o'ma. Dwi 'di cael llond bol!' Anelodd am stafell y merched.

*　*　*

Ar ôl i Lauren fynd i'r lle chwech, derbyniodd Delyth alwad ffôn frys a barodd iddi gipio'i chôt a'i bag a rhuthro allan o'r dafarn. Pan ddychwelodd Lauren, doedd dim golwg ohoni yn unman. Prysurodd honno o gwmpas y lle, yn chwilio am ei ffrind. Aeth allan i'r nos a'r glaw, ond welodd hi ddim, na chlywed yr un smic, er iddi alw enw Delyth droeon. Yn amlwg, roedd ei ffrind wedi mynd.

Penderfynodd Lauren alw am dacsi. Wrth i hwnnw wibio heibio rhes o siopau oedd wastad â dwsinau o fagiau bin duon wedi'u pentyrru blith-draphlith o'u blaenau, gwelodd oleuadau glas yn fflachio, a dyn ambiwlans yn hebrwng rhyw *bag lady*, a rhywun tebyg iawn i Delyth, i mewn i'w gerbyd. Cymerodd Lauren ei gwynt ati – roedd y dyn â'r sbectol drwchus yn sefyll gerllaw iddyn nhw. Prysurodd ei thacsi yn ei flaen, ac ymhen ychydig, clywodd sgrech seiren yr ambiwlans yn pellhau.

Caethdra

Unwaith, yn gynnar gyda'r nos rhyw ddydd Gwener gwlyb o aeaf pan o'n i yn f'ugeiniau cynnar yn saithdegau'r ganrif ddiwethaf, ro'n i'n gorwedd ar ochr stryd ar gyrion Bangor Uchaf, yng nghanol bagiau sbwriel. Doeddwn i ddim wedi meddwi. Wedi cael pwl o *asthma* drwg oeddwn i. Bryd hynny, fedrwn i ddim gyrru car, felly ro'n i newydd gyrraedd y ddinas fechan honno ar drên o Gaerdydd ac wedi cychwyn cerdded adra yn y gwyll. Ro'n i wedi blino'n lân ac yn hanner llusgo, hanner cario ces trwm ac wedi gobeithio cael tacsi, ond doedd 'na ddim un rhydd yn yr orsaf gan ei bod yn nos Wener brysur iawn. Roedd hyn cyn dyddiau ffonau symudol, ac fel y cymeriad y soniais amdani yn stori 'Gwrando', ro'n innau'n dioddef o'r caethdra ac yn cael anhawster anadlu. Methais â chyrraedd fy nhŷ oedd i fyny'r allt yn Stryd Fictoria.

Tra o'n i ar fy hyd ar lawr yn fan'no yn y baw a'r drewdod, daeth dau fyfyriwr chwil heibio a 'nghicio'n ddidrugaredd, gan fy ngalw fi'n bob enw dan haul. Mi wnaethon nhw fy nghyhuddo i, yn Saesneg, o fod yn 'hen hwren feddw'. Dwi'n cofio bod wedi myllio oherwydd yr annhegwch o gael fy enllibio felly, a finna'n methu achub fy ngham am na fedrwn i yngan gair oherwydd y fogfa oedd arna i.

Doedd gen i fawr o ddewis felly ond aros i ryw Samariad trugarog ddŵad i f'achub. Ond fy osgoi fi oedd pawb. Suddodd fy nghalon. Roedd hi'n ymddangos i mi bod llawer iawn yn rhannu barn y ddau fyfyriwr chwil. Mae'n bosib, wrth gwrs, nad oedden nhw wedi fy ngweld i o gwbwl ... Erbyn hynny, roedd hi wedi dechrau pigo bwrw, felly swatiais, a gorwedd yng nghanol y sbwriel yn gwrando a chlustfeinio ar synau pawb yn prysuro ymaith.

Clywais fwrlwm yn y gwyll, sŵn pobol a cheir yn heidio am adra. Ar adegau, yn fy mhen, roedd trwst y traffig yn fyddarol –

yn gyfuniad o honcian cyrn a refio injans ceir. Gwrandewais ar leisiau'r gweithwyr hynny fu'n gaeth drwy gydol y dydd. I mi, roedd ymchwydd y cecru a'r cwyno yn un côr aflafar, a chresiendo'r lleisiau yn bloeddio'u hawl i fod yn rhydd o'r diwedd. O, am gael bod adra'r funud honno!

Doedd dim amdani ond dal i swatio a dal i wrando. Dal i glustfeinio – nid yn unig er mwyn clywed sŵn rhywun caredig yn dynesu i gynnig help llaw, ond hefyd mewn ymdrech i dynnu fy sylw oddi wrth y ffaith na fedrwn i brin anadlu o gwbwl.

Penderfynais ganolbwyntio ar rythmau'r traed ar y pafin: rhai'n guriadau pwrpasol a sionc; eraill yn araf a digyfeiriad. Lle trybowndiai'r rhai ymwthgar gan atseinio'u presenoldeb dros y lle, dychmygais fod eraill yn ymlusgo tuag at aelwydydd oer a digroeso ... o bosib. Clustfeiniais eto fyth, ac aros.

Daeth cawod sydyn, drom o eirlaw a chenllysg, a boddwyd synau'r traed a'r lleisiau a'u sbydu ar ddisberod. Ond doeddwn i'n gwrando dim mwyach. Gwyddwn 'mod i'n ddifrifol wael, a bod fy ofnau a 'mhanig yn dechrau fy rheoli. Roedd hi'n nos ddu arna i.

'O, pam na ddaw rhywun i fy helpu fi ... plis?' meddyliais. Ac yna ... dim.

*   *   *

Rhwng dau fyd y gwelis i o ... Sant Ffransis, y Brawd Llwyd, mewn golau egwan gwyn.

Penderfynais fynd i'w ganlyn, ond diflannodd y mynach tawel i'r nos. Fedrwn i 'mo'i ddal o. A chyn i mi fedru rhesymu be oedd yn digwydd, cefais fy nallu wedyn gan liwiau seicadelig – coch a melyn ac emrallt a phiws, a glas hefyd, ia, glas fel lliw y dorlan hwnnw – yn chwyrlïo ac yn troelli yn un chwyrligwgan chwil yn fy mhen. Ryfeddais o weld bod y mynach yn ei ôl ... yr un un, ac eto'n wahanol. Yr un gwallt, yr un cerddediad, yr un cwfl, ond roedd ganddo sbectol fechan ar ei drwyn y tro yma.

Lennon oedd o ... John Lennon, yn canu '*Let it be, let it be, let it be now, let it be ...*'

'Rhyfadd,' meddyliais, 'dwi'n siŵr mai Paul McCartney sy'n arfar canu honna!' '*Let it be*' ... geiria' doeth. Ar hynny, dadebrais. Ro'n i'n oer a gwlyb ac yn wan fel cath, ond o leia, ro'n i'n dal ar dir y byw, a'r caethdra, yn wyrthiol, wedi pylu. Codais yn ara' deg sigledig, a llwyddo i ymlwybro'n simsan am adra.

Y Clwydda Mawr

Sleifiodd Jo Bach allan i'r glaw drwy'r drws ffrynt yn llechwraidd, a'r parsel bwyd wedi'i guddio dan ei gôt. Roedd hi'n ddechrau'r saithdegau, a Ken isio gadael 'rysgol i fynd i weithio, ond châi o ddim, a dyna pam roedd o wedi dianc o adra.

Roedd y glaw yn helpu rhywfaint ar sefyllfa Jo, gan ei gwneud yn haws iddo fo guddio'i ffrind o'r golwg heb i neb amau dim. Rhedodd y llafnyn i gyfeiriad y garejys oedd wrth ymyl y llain o dir comin tu ôl i'r rhes o dai ac anelu'n syth am y garej yn y canol – yr un yr oedd ei fam yn ei rhentu. Doedd hi ddim ymhell o'r garej honno oedd â'r graffiti 'if you mics yp with Olga, you get Ogla' wedi ei baentio'n ddigywilydd o amlwg mewn llythrennau bras ar ei drws. Edrychodd Jo o'i gwmpas rhag ofn bod trwynau busneslyd hyd y lle, cyn ystyried na fyddai hen fodins fel ei fam a mam Ken ddim yn mentro allan ar y glaw ... wel, dim ond i fynd â'r ci am dro.

Curodd yn ysgafn ar y drws.

'Hei! Psst! Ti yna, Ken?' sibrydodd, a'i geg ar y paent bron. Clustfeiniodd, a chlywodd sŵn siffrwd yn agosáu o'r tu mewn.

'W't ti yna?' mentrodd ofyn eto, dipyn bach yn uwch.

'Nachdw!' meddai'r llais cyfarwydd. 'Cwestiwn stiwpid!' ategodd yn ddiamynedd.

Chwarddodd Jo dan ei wynt. Taflodd gip sydyn dros ei ysgwydd unwaith eto, cyn estyn goriad y garej o boced ei gôt wlyb. Agorodd y clo ac yna'r drws – dim ond rhyw fymryn. Stwffiodd ei hun i mewn a chloi'r drws ar ei ôl.

'Dwi'n blydi llwgu!' meddai Ken yn gyhuddgar. 'Lle ti 'di bod?'

Craffodd Jo arno yng ngolau gwan y bylb llychlyd a grogai o'r nenfwd. Roedd golwg sobor o ddi-raen ar Ken ar ôl cysgu ar sêt gefn y car yn ei ddillad drwy'r nos, a heb gael cyfle i molchi.

Dechreuodd cydwybod Jo ei bigo. Ymbalfalodd yn frysiog am y parsel yr oedd wedi ei wasgu dan ei gesail y tu mewn i'w gôt. Cynigiodd y bwyd oedd ynddo i Ken.

'Hwda!' meddai Jo, gan wthio'r parsel dan drwyn ei ffrind. 'Sandwijis *potted beef* a letys ... a fedris i ga'l dwy Melting Moment i chdi 'fyd. ... O, ac afal. Sori, ollyngis i o. Mae o 'di tolcio.'

'Welodd rhywun chdi?' holodd Ken yn bryderus.

'Na. Dwi'm yn meddwl. Neb hyd lle. Ma' hi'n piso bwrw, tydi.'

'Nath dy fam ddim gofyn lle oeddat ti'n mynd yn glaw 'ma?'

'O, do.'

'Be ddudist ti wrthi?'

'Clwydda.'

'Blydi hel! Ia, ond *be* ddudist ti 'thi?'

'Ddeudis i bo' fi'n poeni lle oeddat ti.'

'O, na!'

'O, do. Ddeudis i bo' fi'n poeni gymaint amdanat ti, ia, nes bo' rhaid i fi fynd allan i chwilio.'

''Glwy!' ebychodd Ken wrth sglaffio'r gybolfa o frechdanau a'r Melting Moments oedd wedi cael eu gwasgu'n slwj dan gesail Jo. 'O'dd hynna'n glwydda mawr!'

'Nago'dd, ddim cweit. Cos ma' fo'n wir, yndi? ... Wel, rhan fwya, 'chos dwi *yn* poeni amdanat ti ... '

'Be 'nei di rŵan, ta, Jo?'

'Aros yn fa'ma efo chdi am dipyn, de.'

'I be?'

'I feddwl.'

'Meddwl? Ti'n gwbod sut i neud hynny?'

'Gwneud be?'

'Meddwl, de.'

'O, Ken, paid â malu cachu! Rhaid i fi feddwl be dwi am neud efo chdi, bydd, achos fedri di'm aros yn fama am byth, naf'dri, a finna'n goro' cario bwyd i chdi!'

'Dwi'n iawn yn fama!' taerodd Ken.

'Wyt ... *rŵan*, de. Ond ma'r hen fod 'di dechra ama, do. Ac ma' Musus Jôs drws nesa 'di bod yn siarad efo Mam. 'Di hen fodins ddim yn stiwpid, sti.'

Edrychodd Ken yn ddifrifol ar ei ffrind am funud, cyn ystyried ei sefyllfa o ddifri. Roedd o wedi bod yn cuddio yn garej hen fôd Jo Bach ers diwrnod a noson rŵan. Ac am y tro cyntaf, dechreuodd ei gydwybod ei bigo.

'Gwranda 'ŵan, Ken,' meddai Jo, wrth sylwi ar wyneb gwelw ei ffrind. 'Ma' dy deulu di i gyd wedi bod allan yn chwilio amdanat ti yn bob man, medda Musus Jôs. Ddeudodd hi 'u bod nhw'n poeni'n ofnadwy ... ro'dd pawb 'di mynd yr holl ffor' i Bytlins neithiwr ...'

'Bytlins Pwllheli?' holodd Ken yn syfrdan.

'Ia,' cadarnhaodd Jo.

'O, na!' griddfanodd Ken, wrth i'r sefyllfa wawrio arno.

'Pam fysa nhw'n chwilio amdanat ti'n fanno, dŵad?' holodd Jo'n chwilfrydig.

'Fi ddeudodd bo' fi'n gadael 'rysgol a rhedag i ffwr' i Bytlins, de ... ond ddeudon nhw bo' fi'm yn ca'l.'

'O. Ti am fynd, 'lly? I Bytlins? 'S'a'm siâp mynd arnat ti, nagoes?'

Ddeudodd Ken ddim byd, felly parhaodd Jo i geisio rhesymu'n dawel hefo fo.

'Ma' pawb yn Cae Mur 'di dechra wyndro lle w't ti, sti. O'dd mam chdi'n crio, medda Musus Jôs ...'

Ochneidiodd Ken. Bu'r ddau'n ista'n ddistaw am sbelan go lew. Ymhen dipyn, gyda chalon drom, sylweddolodd y ffoadur o'r diwedd fod ei antur fawr ar ben. Doedd o ddim wedi ystyried cymaint o boen roedd o'n ei achosi ... Beryg mai gorfod mynd yn ôl i'r ysgol fyddai'i hanes o, er gwaetha pob dim.

Rhoddodd Jo ei law ar ysgwydd ei ffrind wrth synhwyro'i siom, ac ymhen hir a hwyr cododd Ken, a 'nelu am y drws.

'Well fi fynd,' meddai. 'Thancs am y lojin a'r bwyd.'

'Iawn,' meddai Jo, yn lletchwith braidd.

'Wela i di'n 'rysgol dydd Llun, ta,' medda Ken, cyn troi ar ei sawdl a mynd allan.

'Gwitia!' galwodd Jo Bach ar ei ôl, gan oedi i ddiffodd y golau a chloi'r drws. 'Ddo' i adra efo chdi!'

A cherddodd y ddau ochr yn ochr, ling-di-long, yn hamddenol, glòs ... er gwaetha'r glaw.

Dau

Sawl gwaith mewn oes roedd y caeau a'r bryniau o'i amgylch wedi cynnig eu cysur i Edwyn Parry? Gannoedd, os nad miloedd o weithiau, ymresymodd, wrth sefyll yn dalsyth ar riniog drws ei dŷ teras a swatiai yng nghesail y cwm. Cododd ei olygon i ryw fan annelwig tu hwnt i'r mynyddoedd, a theimlodd frath y gwynt wrth iddo ogr-droi a hel meddyliau. Fel arfer, byddai'r hen fynyddoedd yn rhoi cymorth a chysur iddo. Cylch o gopaon yn ei gofleidio, a'r cwm a swatiai o'u mewn yn glyd ac yn amddiffynnol er gwaethaf ymyrraeth y gwynt. Waeth i le yn y byd yr âi, er na fyddai hynny byth ymhell iawn, byddai dychwelyd adref i'r llecyn hwn yn falm. Ond bellach, roedd yr hen ddyn yn dechrau simsanu.

Ochneidiodd Edwyn a throi, gan gau ei ddrws ffrynt yn glep a mynd i mewn i'r parlwr bach at wres y tân coed oedd fel hen gi ffyddlon. Eisteddodd yn fodlon yn ei hoff gadair i gynhesu.

Roedd o wedi dechrau ymlacio ond heb gael ei wynt ato'n iawn pan gurodd rhywun ar y drws. Cofiodd yn sydyn fod y Parchedig Bochlwyd Owen wedi addo galw draw i ddewis emynau ar gyfer angladd Blodwen. Ac yn ddiarwybod, bron, llifodd ton o chwithdod drosto wrth feddwl am ei annwyl briod, ei gymar oes, fu'n gwaelu mor hir ar eu haelwyd nes iddo gymryd ei salwch hi'n ganiataol, gan ei dwyllo'i hun na fyddai byth yn llwyddo i'w rhwygo nhw'u dau oddi wrth ei gilydd. Ond eu dryllio ar wahân wnaeth yr aflwydd creulon yn y diwedd, a bu farw Blodwen yn eithriadol o sydyn ac annisgwyl ddeuddydd ynghynt. Bryd hynny, gollyngodd ei hochenaid olaf a chaeodd ei llygaid – mor syml a diffwdan â phetai rhywun wedi diffodd golau. Daeth rhagor o sŵn curo i ddeffro Edwyn Parry o'i fyfyrdodau. Yn ddiymdroi, agorodd y drws.

'Dowch i mewn, dowch i mewn, Mr Owen.' Ceisiodd Edwyn estyn croeso twymgalon i'r gweinidog er gwaetha'i alar.

Arweiniodd y clerigwr oedrannus i'r parlwr a'i sodro'n frwdfrydig yn ei gadair freichiau wrth y tân coed. Aeth wedyn i nôl y stôl biano o'r gongl dywyllaf. Fyddai dim galw am yr offeryn eto, meddyliodd Edwyn, rŵan bod ei meistres wedi 'madael. Gosododd y dodrefnyn gyferbyn â chadair y gweinidog, yn falch o'i gwmni er ei fod yn teimlo'n lletchwith am nad oedd o, yn wahanol i fel byddai ei wraig, yn mynychu na chapel nag eglwys.

Ymdrechodd y Parchedig i sefyll ar ei draed, gan gofio tynnu ei het a chynnig ei law mewn ystum o gysur.

'Edwyn, fachgian, ma'n ddrwg calon …'

'Steddwch, steddwch!' erfyniodd y gŵr nad oedd eto wedi cynefino â'i statws newydd o fod yn weddw. Ei reddf ers rhai blynyddoedd oedd rhoi yn hytrach na derbyn cysur.

'Wna i 'mo'ch cadw chi'n hir, Edwyn. Fel sonion ni ddoe, ma' popeth wedi'i drefnu. Dim ond holi tybad be fydda'ch dewis o emynau at yr angladd, yndê.'

Chwiliodd Edwyn Parry yn ffrwcslyd drwy'i bocedi nes daeth o hyd i ddarn o bapur crychiog a'r manylion penodol arno.

'Maen nhw yma gynna' i, ylwch,' meddai. 'Hoff donau Blodwen …' sisialodd, dan deimlad.

Cymerodd y gweinidog y darn papur yn dyner a gofalus o law'r gŵr gweddw, a darllenodd y sgrifen grynedig yn uchel.

'Emyn rhif 188, tôn Lausanne, "Iesu, Iesu, rwyt ti'n ddigon" … a wedyn emyn rhif 34, tôn Blaenwern, "Arglwydd Iesu, llanw d'Eglwys â'th Lân Ysbryd Di dy Hun" …'

'Ia, dyna nhw. Rheina.' Amneidiodd Edwyn tuag at y darn papur.

Am rai munudau, ynganodd 'run o'r dynion air o'u pennau. Doedd dim angen rywsut, a syllodd y ddau yn fud a chymodlon ar fflamau'r tân.

Ymhen y rhawg, 'stwyriodd y Parchedig.

'Mi ro'dd ganddi ffydd gre', felly?' mentrodd ofyn.

'Oedd, oedd. O, oedd!' atebodd Edwyn ar ei union. 'Ffydd fel craig yr oesoedd, w'chi.'

'Ia yn y wir?' Ystyriodd y gweinidog hyn mewn rhyfeddod. 'Gwyn 'i byd hi!' Anaml iawn y dôi o hyd i rhywun allai dystio bod ganddo fo neu hi ffydd Gristnogol arbennig o gryf erbyn hyn – os oedd ganddyn nhw unrhyw ffydd o gwbwl.

'Ia. Ia,' ameniodd Edwyn, a thawodd yn llwyr heb fedru meddwl am ddim oll yn rhagor i'w ddweud.

Ddywedodd y dynion 'run gair am beth amser. O bosib bod y naill a'r llall yn deall nad oedd angen dweud mwy. Ond yn rhinwedd ei swydd, mentrodd Mr Owen ymhellach.

'Oes 'na rwbath 'chwanag leciach chi'i drafod efo mi, Edwyn?'

'Na. Na, diolch i chi am bopeth, Mr Owen ... am wneud yr holl drefniada drosta i a ... a ballu.'

'Popeth yn iawn, popeth yn iawn ...'

Ystwyriodd y gweinidog yn ei gadair esmwyth a chodi yn afrosgo braidd oherwydd y cryd-cymalau felltith a'i brathai. Llamodd Edwyn ato i'w helpu i godi.

'Fedrwch chi fanijio?'

'Medra'n tad, diolch yn fawr. "Henaint ni ddaw" a ballu, 'ntê Edwyn? Rŵan, os bydd arnoch chi angan trafod unrhyw beth – yn bersonol neu ynglŷn â'r angladd – 'mond gofyn, dalltwch.'

'Diolch, Mr Owen. Dach chi'n ffeind tu hwnt.'

'"Cymorth hawdd ei gael" gobeithio!' Gwenodd yr hen weinidog nes y gloywodd ei lygaid â direidi a diffuantrwydd syml ei ffydd. Rywsut, roedd hynny'n gwneud iddo edrych yn llawer ieuengach. Rhoddodd ei bwysau ar fraich Edwyn a'i hebryngodd at y drws ffrynt. Wedi ysgwyd dwylo, dringodd y Parchedig Bochlwyd Owen yn drwsgwl i'w gar. Cyn pen dim, ar ôl un chwifiad llaw, roedd wedi diflannu i'r trwch o niwl oedd yn prysur orchuddio'r cwm.

Am yr eilwaith y diwrnod hwnnw, safodd Edwyn Parry yn unionsyth ar riniog drws ei dŷ teras, gan ddrachtio'n ddwfn o aer y mynydd, ac er na allai weld fawr ddim oherwydd y tywydd anffafriol a'r gwyll, gwyddai fod y cwm a'i drumau yno er gwaethaf pawb a phopeth. Synhwyrodd eu cynhesrwydd arferol, ac yn rhyfeddol, daeth atgof byw iddo o goflaid Blodwen. Mwngialodd wrtho'i hun yn ingol dan ei wynt.

'Mi daflaf 'maich oddi ar fy ngwar, wrth deimlo dwyfol loes ...'

Yna dychwelodd at ddiddosrwydd ei dân coed, ar ôl cau ei ddrws a'i folltio. Ac er nad oedd dau ar yr aelwyd mwyach, doedd ei hiraeth am Blodwen ddim yn ei frathu mor greulon erbyn hyn.

'Fory,' addawodd Edwyn Parry wrth synfyfyrio ar fflamau'r tân. 'Fory, mi a' i allan ac mi ddringa i'r trumiau eto.'

* * *

Ffarmwr defaid oedd Wiliam Jones 'Rodyn, ond fel 'Bili-Bîff', neu ddim ond 'y Bîff' roedd pawb yn ei nabod – yn bennaf oherwydd ei faint a'i gryfder. Roedd ganddo sgwyddau fel tarw, coesau byrion, gwedd writgoch a gwallt gwinau 'run lliw â chotiau teirw Limousin. Ac os ydi hi'n weddus dweud y fath beth, roedd ei or-hoffter o'r rhyw deg hefyd wedi cyfrannu at y llysenw a roddwyd arno gan rai o drigolion busneslyd cymdeithas glòs yr ardal. Wedi'r cwbwl, er nad oedd ganddo na gwraig na chymar, roedd o'n dad i chwech o blant.

Ar y diwrnod dan sylw, roedd y Bîff wedi bod yn brysur yn tynnu ŵyn yn y cae dan tŷ. Roedd yr hin yn dyner, a'r defaid yn y cae hwnnw'n rhydd i eni ar lawr gwlad yn hytrach na chael eu gorfodi i wneud hynny yn y sied gyfagos. Wedi hwyluso genedigaeth lwyddiannus sawl oen bach, teimlodd y ffermwr ei fod angen hoe. Doedd o ddim wedi taro sgwrs â neb ers deuddydd neu dri ac roedd yn dyheu am gwmni. Ond doedd wiw iddo anwybyddu ei braidd yng nghanol cyfnod ŵyna fel hyn, hyd yn oed gefn nos. Gallai bywyd fod yn unig iawn i'r rhai oedd yn mynnu dal eu gafael ar yr hen fywyd a pharhau i amaethu'r ucheldir.

Sythodd o'i gwrcwd yn flinedig, gan sychu'r chwys oddi ar ei dalcen â llewys ei siwmper dyllog, waedlyd. Cododd ei ben i syllu dros y cwm ar y mynyddoedd. Ar adegau fel hyn, yn arbennig, byddai'n deisyfu cael gwraig yn gwmni. Ond roedd o wedi tyngu llw iddo'i hun na fyddai'n gwneud hynny byth eto. Cafodd dri chyfle – rhannodd dŷ â'i gymar bore oes am bedair blynedd, a chael mab hefo hi, cyn cyfarfod blonden siapus hefo tri o blant, a'i phriodi. Wedi i'r briodas honno fynd i'r gwellt, bu ar ei ben ei hun am rai blynyddoedd cyn iddo gyfarfod merch ddaeth i fyw i'r cwm i osgoi bwrlwm ei gwaith yn y ddinas. Cafodd ddau o blant hefo honno, ond chwalu wnaeth y berthynas gan na allai hi ddeall ffyrdd pobol cefn gwlad, na deall pam fod yn rhaid iddo 'forol cymaint am y fferm a'r da byw yn hytrach nag amdani hi a'u plant. Erbyn hynny, roedd Bili Bîff druan wedi colli ei ffydd yn llwyr yn y rhyw deg, ac wedi dechrau derbyn o dipyn i beth nad oedd wedi cael ei greu i fod yn ŵr nac yn bartner sefydlog i unrhyw ferch. Roedd o'n briod â'i dir a'i ddyddyn yn barod.

'Ŵyna, dwi'n gweld.' Daeth llais o'r tu ôl i'r clawdd o gyfeiriad y llwybr troed.

'Edwyn Parry!' ebychodd Bili, a phwyso'i freichiau ar y wal garreg er mwyn cyfarch y cerddwr, yn falch o weld bod dynol. Petai ond yn gwybod, roedd Edwyn hefyd yr un mor falch o gael dechrau sgwrs. 'Gerddoch chi'n bell heddiw?' holodd y Bîff.

'O Lyn Ogwen i fyny at Llyn Bochlwyd, fachgian.'

'Braf yno, debyg?' holodd Bili, yn eiddigeddus braidd.

'Diguro. Yn enwedig rŵan, a hitha'n dechra glasu. Welis i fynn gafr wedi'i eni ddoe, ac wsnos dwytha ro'dd 'na rifft ar y topia.'

'Synnu dim. Ma' hi'n fwyn, yn tydi.'

'Gwanwyno'n od o gynnar, fachgian.'

Cytunodd Bili, er ei fod wedi 'laru clywad am y newid

hinsawdd felltith, ac am gadwraethwyr brwd yn pregethu i ffarmwrs. 'Wel,' mentrodd, ''swn i'n cynnig panad i chi, ond beryg 'sa'n well i mi fynd i gael golwg eto ar y defaid 'ma ...'

'Gymri di un gen i 'ta?' cynigiodd Edwyn Parry.

'Be?' gofynnodd Bili yn ddi-ddallt.

'Gymri di banad? Gen i lond fflasg yn fama.' A chyn pen dim, roedd Edwyn Parry wedi tynnu'r fflasg o'i sach gefn a'i gosod yn daclus ar y wal. 'A chacan? Ma' gin i deisan ffenast!' Chwifiodd ddarnau o'r deisen sbwnj binc a melyn yn fuddugoliaethus.

'Ewadd, Edwyn Parry, maen nhw heb 'u cyffwrdd! A chitha wedi cerddad dipyn go lew 'swn i'n deud.'

Ar hynny, diflannodd y wên oddi ar wyneb Edwyn Parry.

'Do'n i mo'u hawydd nhw, wsti.'

'O? Be, ddim isio bwyd oeddach chi?'

'Naci ... na.'

'Be oedd 'matar, 'ta?'

'Dim awydd 'u byta nhw ar fy mhen fy hun o'n i.'

Ac er na wyddai'r ffermwr ddim oll am y brofedigaeth a ddaeth i ran Edwyn ddyddiau ynghynt, deallai Bili Bîff ar ei union ei fod wedi cael gwahoddiad.

'Iawn, 'ta,' gwenodd. Gwyddai i'r dim sut deimlad oedd bod â dim awydd bwyta heb gwmni i rannu'r arlwy. 'Iawn, 'ta. Mi rannwn ni nhw.'

Cafodd Edwyn Parry a Bili Bîff sawl sgwrs ers y cyfarfyddiad cyntaf hwnnw. A thros sawl paned a chacen, trodd y clawdd carreg oedd rhyngddyn nhw yn fwrdd i ddau.

Mwgwd

Doedd hi ddim awydd mynd. Roedd yn well ganddi aros yn surni myglyd ei stafell wely. Doedd hi ddim awydd molchi, dim awydd pincio, dim awydd wynebu neb. Na ... na, doedd hynna ddim yn hollol wir. Roedd hi wirioneddol awydd – angen – *rhywun* yn fwy na bywyd ei hunan, ac fe rôi hi'r byd i gyd yn grwn i'w weld o rŵan. Ond waeth iddi heb. Doedd o ddim yno iddi mwyach. Mor syml â hynna. A doedd dim posib cael gafael arno fo byth eto. A heno, a'i meddyliau ar chwâl, yn cordeddu fel nadroedd dan bwced, fel y bysa ei mam druan wedi'i ddweud, roedd hi'n gyfan gwbwl ar ei phen ei hun. Doedd hi'n neb.

Ymlusgodd tuag at y ddesg fechan o dan y ffenest. Prin y gallai weld ei harwyneb, oedd yn drymlwythog o'i geriach celf hi ei hun – tiwbiau paent a'u cynnwys yn diferu'n chwydfa liwgar dros bopeth, ac yn sbloets blith-draphlith gorweddai ei sgetsys pin-ac-inc du – y rhai ohoni hi'i hun yn noeth ac yn gorweddian mewn sawl ffurf a siâp erotig. Iddo fo yn unig y cynigiodd hi'r rhain, ond doedd o ddim yma i'w gwerthfawrogi hi na'i lluniau mwyach. Waeth iddi eu harddangos i'r byd a'r betws ddim, meddyliodd, a chynnig gwahoddiad i bwy bynnag oedd awydd eu gweld i lygadrythu arnyn nhw.

Cododd un o'i pheintiadau trawiadol. Rhythodd arno am sbel, ac wfftiodd ato. Rhwygodd y darlun yn rhacs mân a thaflodd y darnau i'r awyr, a gadael iddynt ddisgyn o'i chwmpas yn gawod dawel fel plu eira. Powliai'r dagrau i lawr ei gruddiau.

Syllodd yn wag ar ddim byd, gan lapio'i breichiau yn dynn amdani ei hun a thynnu plygion ei hen ŵn nos yn dynnach am ei chorff. Gwyddai y dylai wneud rhyw lun o ymdrech heno, ond allai hi ddim.

'Dwi ddim am fynd!' meddai'n uchel, gan blethu ei breichiau'n styfnig. Cododd, a symud yn drwsgwl i ben arall y stafell.

Gwgodd ei hadlewyrchiad gwrachaidd, tywyll yn ôl arni o ddrych y bwrdd gwisgo. Edrychodd i ffwrdd er mwyn osgoi'r wyneb cyhuddgar oedd wedi'i fframio gan gudynnau tywyll o wallt gwyllt, gan droi i rythu ar y llanast oedd o'i blaen: potiau o hufen wyneb, darnau o fwclis brau, clustdlysau amddifad o'u parau a photel golur oedd wedi troi a cholli ei chynnwys ers tro byd, nes bod hwnnw wedi crystio yng nghanol llwch y misoedd.

Yn sydyn, rhwygwyd hi o'i myfyrdodau gan gloch y ffôn. Fferrodd. Allai hi ddim meddwl am sgwrsio hefo neb. Roedd geiriau hen gân o'i phlentyndod yn rhygnu drosodd a throsodd yn ei phen fel petai a'i bryd ar ei gyrru dros y dibyn, ac roedd canu di-baid y ffôn yn ormod iddi ddygymod ag ef. Ymhen rhai munudau tawodd y gloch, a phrofodd hithau ennyd frau o ryddhad. Eisteddodd yn llonydd yn y gwyll tawel nes i'r caddug ddechrau cau amdani ... nes y bu bron i'r düwch a'r cysgod angau bygythiol cyfarwydd ei threchu unwaith ac am byth.

Sgrechiodd cloch y ffôn eto. Tynnodd ei phen-gliniau yn dynn at ei brest. Dwysaodd y düwch o gwmpas ei llygaid, a saethodd ergyd o boen rhyngddynt i ffurfio mwgwd anweledig o dyndra rhwng ei gwegil a'i thalcen. Ymbalfalodd ymhlith y trugareddau ar y bwrdd gwisgo nes iddi ddod o hyd i ddwy dabled lladd poen a chan o *coke* tolciog gyda chegiad neu ddwy o'r hylif melys yn dal yn ei waelod. Llyncodd y pils gyda chymorth y ddiod fflat. Crafangiodd yn ôl i'w gwely soeglyd, ac ar ôl diffodd y golau, tynnodd y dillad dros ei phen gan obeithio y byddai cwsg yn cau amdani.

Ond ddigwyddodd hynny ddim. Gorweddodd ar wastad ei chefn am rai munudau. Yna gwingodd, a gwasgu ei hun yn belen biwis, bigog er mwyn ceisio amddiffyn ei hun rhag ei meddyliau drylliedig. Dechreuodd droi a throsi yn chwyslyd a ffustio'r gobennydd mewn rhwystredigaeth, ond allai hi yn ei byw ddianc rhag y poenau a blagiai ei meddwl fel rhyw fân-ddiafoliaid yn cael hwyl am ei phen. O'r diwedd, fel petaent wedi blino arni, ciliasant, a dechreuodd hithau ymlacio rhywfaint ac ymollwng i bydew cwsg. Ond ofer oedd deisyfu'r fath hafan ddiogel.

Y tro hwn, sŵn cloch y drws ffrynt fynnodd ei llusgo oddi wrth ei dihangfa. Rhegodd.

'Pam gythral na fedar pobol adael llonydd i mi?' poerodd. Ceisiodd anwybyddu'r sŵn, ond erbyn hynny, roedd rhywun wedi dechrau waldio'r drws, a galw arni drwy'r twll llythyrau. Clywodd lais benywaidd awdurdodol.

'Tracey...? Tracey? *You OK in there, love? Can you come and talk to us please?*'

Wedyn llais gwahanol, dagreuol, oedd yn fwy cyfarwydd iddi, ac yn fwy taer.

'Tracey, jyst ty'd i siarad efo ni, plis! Leri sy 'ma, a dwi 'mond isio gwbod bo' chdi'n iawn ... Ty'd allan, plis!'

Parhaodd y lleisiau i alw a churo arni bob yn ail o hirbell. Ceisiodd eu hanwybyddu drwy wasgu'r gobennydd am ei phen. Teimlodd yn wan a phenysgafn. Ymhen sbel, distawodd y cythrwfl. Clustfeiniodd hithau, i wneud yn siŵr. Oedden, roedden nhw wedi mynd. Mentrodd wthio'i thrwyn allan o dan y cwilt pygddu, a rhythu ar y nos drwy ffenest ei llofft. Pan oedd y tawelwch wedi setlo, pwysodd y switsh a oleuai'r lamp oedd ar y cwpwrdd bach wrth erchwyn ei gwely.

Mwya ffŵl hi! Ailddechreuodd y lleisiau, gan alw ac ymbilio drachefn ar ôl cael cadarnhad bod rhywun, o leia, yn llofft Tracey. Yn y diwedd, ildiodd, a chododd. Crafangiodd i lawr y grisiau gan anelu'n simsan tuag at y drws ffrynt. Fedrai hi ddim anwybyddu'r pryder yn llais ei ffrind.

'Plis agor y drws, Tracey!' galwodd.

Trwy ei dagrau, agorodd Tracey gil y drws. Yn sefyll ar ei rhiniog roedd Leri, a phlismones ifanc yn gwmni iddi.

'*Can we come in?*' holodd honno. '*Just to make sure you're OK. Your friend here was worried ...*'

Plygodd Tracey ei phen ac edrych ar ei thraed gan fethu dirnad be yn y byd ddylai hi ei ddweud. Roedd arni gywilydd, felly dewisodd ddweud dim, a gadael i'r ddwy arall ei dilyn i mewn i'r cyntedd cul. Caeodd y drws ar eu holau.

'Ti'n iawn?' holodd Leri, ei llais yn llawn cydymdeimlad. 'Mi ffonis i lot fawr o weithia ...'

'Dwi'n gwbod,' meddai Tracey'n swta. 'Sori.'

'Ia, wel. Dwyt ti'm yn dda, nagwyt. Dwi'n dallt hynny ... ar ôl bob dim ...'

'Fedrwn i'm wynebu mynd i'r ddarlith gelf, er 'u bod nhw'n trafod William Blake.'

'O'n i'n ama bo' chdi 'di jibio ... ond o'n i ofn ...'

'Ofn be?'

Edrychodd y ddwy ar ei gilydd heb ddweud dim, ond yn deall ei gilydd yn iawn.

'*Your mate was worried because she thought you were ill.*' Ceisiodd yr heddferch ifanc eu helpu, ond anwybyddwyd hi. '*Will you be alright, then?*' holodd, braidd yn ddiamynedd. Yn amlwg, roedd ganddi bethau amgenach i'w gwneud. 'Well?' ebychodd yn flin.

Trodd y ddwy i edrych arni, ac ateb ar y cyd, fel un.

'*Yes.*'

'*I'm sorry to have wasted your time,*' ymddiheurodd Leri'n ddidwyll.

'*You didn't, by the look of her,*' atebodd yr heddferch, ac edrychodd yn hir ar Tracey nes gwneud iddi ddechrau gwingo. '*Thank your lucky stars that you've got such a caring friend,*' ategodd, gan amneidio i gyfeiriad Leri cyn troi ar ei sawdl a chau'r drws yn glep ar ei hôl.

'Be fedra i neud i helpu?' holodd Leri.

Wyddai Tracey ddim sut i ateb y fath gwestiwn.

'Fedri di ddeud wrtha i be sy ar dy feddwl di?'

Doedd gan Tracey ddim syniad sut i ddechrau egluro.

'Jyst ... petha,' meddai o'r diwedd.

'Petha? Hiraeth am dy fam ...? Am y boi 'na? Ta wyt ti'n poeni am dy gwrs coleg?'

'Ia. Na ... dwn i'm. Jyst petha'n mynd rownd yn 'y mhen i drwy'r amsar ...'

'Fatha be?'

'Fatha ... geiria cân *weird!*' gwaeddodd, mewn rhwystredigaeth.

'Be, rwbath rhyfadd ti 'di glywad yn rwla? ... Sut ma' hi'n mynd, ti'n cofio?'

Doedd dim rhaid i Tracey feddwl hyd yn oed. Roedd y geiriau ar flaen ei meddwl hi drwy'r adeg.

'Pererin wyf mewn anial dir ...' sibrydodd yn ofnus.

'... yn crwydro yma a thraw!' ychwanegodd Leri.

'Ti'n gwbod y geiria?' Syfrdanwyd Tracey. 'Sut *ti*'n gwbod nhw?'

'Dwn i'm.' Roedd yn rhaid i Leri ystyried o ddifrif cyn iddi gofio. 'Oeddan ni'n canu'r rheina yn 'rysgol, stalwm. Ti'm yn cofio?'

'Dim yn 'rysgol ni!'

'Oeddan. Emyn ydi hi, 'sti, Tracey:

"Pererin wyf mewn anial dir
yn crwydro yma a thraw,
ac yn rhyw ddisgwyl bob yr awr
fod tŷ fy Nhad gerllaw."'

Fedrai Tracey ddim meddwl am ddim byd i'w ddweud wrth wrando ar ei ffrind yn canu. Dim ond pendroni pam y byddai geiriau emyn yn ei phoenydio hi gymaint. Wyddai hi ddim am betha fel'na, emynau a chapel. A doedd hi'n sicr ddim awydd chwilio am dŷ y dihiryn o dad gafodd hi.

'Be ydi pererin?' gofynnodd yn betrus.

Doedd gan Leri fawr o glem chwaith, ond rhoddodd gynnig ar egluro.

'Rhywun sy'n *confused*, ac sy'n gwneud 'i ora i chwilio am ffordd o gael help i sortio'i hun allan.'

Edrychodd y ddwy ffrind ar ei gilydd. Ac am y tro cyntaf ers tro byd, lledodd cysgod o wên ar wyneb gwelw Tracey.

Sylweddolodd eu bod nhw'n dal i sefyll yn y cyntedd tywyll.

'Ti isio panad, Lers?' holodd yn ansicr.

'Argoledig, oes!' meddai ei ffrind yn ysgafn. 'O'n i'n meddwl 'sat ti byth yn gofyn!'

Teimlodd Tracey y mwgwd oedd wedi ei llethu hi cyhyd yn dechrau llacio. Roedd y mwgwd tywyll hwnnw wedi ei hatal rhag mynd i'r ddarlith ar William Blake, ei hoff fardd ac arlunydd – ac o ganlyniad, addawodd iddi'i hun y byddai'n darllen pob un o'i lyfrau i wneud iawn am hynny. Byddai'n canolbwyntio ar ei chwrs, ac ar gelf. Byddai'n troi ei meddwl at ei gwaith ei hun ... yn hwnnw y byddai ei hachubiaeth.

Ar Drên ...

Bu'r diwrnod yn un hir. Roedd Jên wedi codi yn yr oriau mân i ddal trên i Gaerdydd, ac ar ôl diwrnod prysur o waith yn y brifddinas daliodd dacsi i orsaf Canol Caerdydd i ddal y trên chwech oedd, wrth lwc, yn aros ar y platfform. Rhuthrodd i mewn iddo, a chythru am sedd – unrhyw sedd – gan fod y trên hwn i Crewe yn orlawn heno, fel pob nos Wener arall. Ystyriodd ei hun yn lwcus ar y naw i fachu sedd i ddau oedd yn wag, ond gwyddai na fyddai'n hir cyn y dôi teithiwr arall i eistedd wrth ei hymyl. Gobeithiodd y byddai hwnnw, neu honno, yn berson distaw, gan ei bod hi'n rhy flinedig i ddal pen rheswm hefo neb. A fu dim rhaid iddi orfod gwneud hynny am sbel.

Roedd hi'n rhy flinedig i ddarllen hyd yn oed, ond llwyddodd i ymlacio wrth syllu drwy'r ffenest a gwylio'r tai teras yn diflannu o'i golwg fesul un, a hithau'n gadael y ddinas o'i hôl wrth i'r nos ddynesu. Cyn pen dim, byddai'n rhy dywyll iddi fedru mwynhau'r golygfeydd a âi heibio iddi.

Stopiodd y trên yng ngorsaf Casnewydd, lle daeth pentwr arall o bobol i mewn iddo. Yn eu brys a'u ffwdan roeddent yn gwthio heibio iddi, pob un yn chwilio am sedd a 'run ohonynt yn gweld yr un wag oedd wrth ei hymyl er iddi gadw'i bag a'i chôt ar ei glin. Ar gynffon y dorf roedd merch ifanc bryd tywyll, dlos, yn straffaglu'n araf ar hyd y trên hefo'i bagiau a golwg luddedig arni. Yn reddfol, cododd Jên ei braich i ddal ei sylw, a chymell y ferch i eistedd yn y sedd wrth ei hymyl. Ufuddhaodd hithau yn ddistaw ddiolchgar, gan roi cysgod o wên i'r ddynes fechan fu'n ddigon caredig i gynnig ei helpu.

Aeth y trên yn ei flaen am filltiroedd cyn i'r un o'r ddwy dorri gair â'i gilydd. Erbyn i'r troli coffi gyrraedd roedd ceg Jên yn grimp, a gofynnodd am baned o de. Chymerodd y ferch wrth ei hymyl ddim sylw, dim ond dal i edrych heibio iddi drwy'r ffenest. Mae'n rhaid mai edrych ar y dafnau glaw mae hi, meddyliodd Jên, achos roedd hi fel bol buwch y tu allan bellach. Ac erbyn hynny, er ei bod hi wedi deisyfu llonydd ar ddechrau'r siwrne, roedd hi'n teimlo'n chwilfrydig iawn ynglŷn â'r ferch fewnblyg a distaw wrth ei hymyl.

'Fasach chi'n lecio panad?' mentrodd ofyn iddi.

Trodd hithau ac edrych ar Jên fel petai'n dadebru o ryw freuddwyd. Yna plygodd ei phen yn swil.

'Na. Na ... dim ond dŵr fydda i'n ei yfed,' meddai'n dawel.

'O? Ddrwg gen i ...' prysurodd Jên i ymddiheuro, rhag ofn ei bod wedi tramgwyddo mewn rhyw ffordd. Wedi'r cwbwl, efallai fod ei chydymaith yn dod o dras gwahanol, ystyriodd, er ei bod hi wedi gwisgo mewn arddull Brydeinig. Efallai nad oedd ei chred hi'n caniatáu iddi yfed te neu goffi, hyd yn oed.

'Mae gen i ddŵr yn fan hyn ...' amneidiodd y ddynes ifanc at y fasged oedd ar ei glin. Bosib ei bod hi wedi synhwyro lletchwithdod Jên, oherwydd cynigiodd eglurhad pellach. 'Wedi bod yn sâl ydw i'n ddiweddar, felly dwi'n yfed llai o de a choffi dyddia yma ...'

'O, tewch, 'mach i,' cydymdeimlodd Jên.

'Ond diolch i chi am ofyn,' meddai'r ferch, gyda gwên ddiolchgar.

Am tua tri chwarter awr bu'r ddwy yn pendwmpian, ond wrth i'r trên gyrraedd y Fenni, deffrowyd y teithwyr gan sgrechian y brêcs a sgrytiad y cerbydau wrth i'r injan gyrraedd yr orsaf a stopio'n anarferol o sydyn.

Edrychodd Jên a'i chydymaith o'u cwmpas yn ddryslyd braidd, o gael eu deffro'n ddisymwth. Ond yn amlwg doedd dim o'i le, dim ond bod y gyrrwr braidd yn drwm ar ei frêcs, felly cawsant ymlacio drachefn. Ychydig o deithwyr ymunodd â'r trên y tro hwn, ond ymadawodd nifer sylweddol. Wrth iddyn nhw ailgychwyn ar eu siwrne, sylwodd Jên drwy gil ei llygad fod y ferch wrth ei hymyl yn rhwbio'i thalcen fel petai ganddi gur yn ei phen. Cymerodd arni nad oedd wedi gweld hynny am gyfnod, ond pan estynnodd ei chyd-deithiwr am dabledi lladd poen a'i photel ddŵr o'i basged, roedd yn rhaid i Jên holi:

'Dach chi'n iawn, 'mach i?'

Trodd y ferch i edrych arni mewn syndod, a dechreuodd Jên deimlo'n lletchwith. Beryg ei bod hi'n meddwl 'mod i'n busnesu, meddyliodd, a mwngialodd ymddiheuriad distaw ac edrych draw. Bu saib go hir cyn i'r ferch fentro siarad.

'Diolch am eich consýrn,' meddai mewn llais crynedig. 'Doeddwn i ddim yn disgwyl ...'

Trodd Jên i'w hwynebu a gweld ei bod hi yn ei dagrau. Ond brathodd ei thafod y tro hwn, gan roi llaw gydymdeimladwy ar ei braich eiddil a gadael iddi dorri'i bol gan bwyll bach, yn ei hamser ei hun, pe byddai awydd gwneud hynny.

Ymhen hir a hwyr, adroddodd y ddynes ifanc enigmataidd ei stori yn dawel, yn urddasol, bron, drwy ei dagrau. Eglurodd fel roedd hi wedi cyfarfod ei gŵr pan oedd y ddau ohonyn nhw'n fyfyrwyr prifysgol penchwiban. Ac er gwaetha'r ffaith eu bod nhw'n dod o gefndiroedd gwahanol – magwyd hi ar aelwyd Foslemaidd, ac yntau ar un Gristnogol Babyddol – doedd hynny ddim o bwys i'r un ohonyn nhw ar y pryd. Roeddynt yn ffyddiog y byddai eu cariad tuag at ei gilydd yn gorchfygu popeth ... ac fe wnaeth, am gyfnod sylweddol.

Cawsant ddau o blant a swyddi oedd wrth eu bodd: dringodd y gŵr i fod yn gyfrifydd oedd yn rhedeg ei gwmni ei hun, a hithau yn Brif Swyddog Marchnata yn un o archfarchnadoedd mwyaf Manceinion. Roedd hi'n ddigon hapus i gytuno i'r plant gael eu haddysg yn yr ysgol Babyddol leol, gan nad oedd ei chrefydd o bwys iddi bryd hynny, ond yn ddiweddar daeth tro creulon i ddryllio'i byd.

'Mi ges i diwmor ar fy ymennydd,' sibrydodd y greadures annwyl, 'a bu'n rhaid i mi dderbyn triniaeth frys mewn ysbyty.' Ddywedodd Jên 'run gair, dim ond amneidio â'i phen i ddangos ei chydymdeimlad. Aeth y ferch ymlaen â'i stori, gan geisio'i thorri'n fyr er ei bod wedi agor fflodiart ei theimladau am y tro cyntaf ers tro byd.

'Mi wnes i ddechra gweddïo,' meddai, 'ac ymbilio am iachâd. 'Nes i daro bargen â Duw: taswn i'n cael byw, mi faswn i'n cyflwyno fy mhlant i ffydd fy mam – crefydd Islam.'

Ychydig yn ddiweddarach, cafodd newyddion da iawn. Roedd y cemotherapi dderbyniodd hi ar ôl ei llawdriniaeth wedi gwneud ei waith, a'r tiwmor oedd yn ei phen wedi diflannu'n llwyr. Felly roedd ganddi hi a'i theulu bach achos i lawenhau, wrth reswm.

O glywed hyn, teimlodd Jên ryddhad mawr. Mentrodd roi coflaid famol iddi.

'O, diolch byth eich bod chi'n holliach, 'mach i!'

Sychodd y ferch ei dagrau.

'Diolch. Diolch yn fawr i chi ... am wrando,' meddai'n drist.

Edrychodd Jên arni mewn penbleth. Er iddi fod wedi gwella, roedd rhywbeth yn amlwg yn ei phoeni.

'Mi ydach chi wedi trechu'ch salwch, yn do?' holodd yn dyner.

'O, do. Do, yn bendant,' atebodd hithau'n floesg. 'Ond ...'

'Ond?' mentrodd Jên.

Edrychodd y ferch arni'n dorcalonnus. 'Dwi ofn!'

'Mae hynna'n ddealladwy ar ôl salwch fel'na,' ceisiodd Jên ei chysuro. Ond torrodd y ferch ar ei thraws.

'Na, na, dim y salwch sy. Mae fy ngŵr ... O, fy Nuw! Dwi wedi godinebu!'

Edrychodd Jên yn ddryslyd arni, a phrysurodd y ferch i egluro ymhellach.

'Na, tydach chi ddim yn deall. Tydw i ddim wedi godinebu'n llythrennol, bod yn anffyddlon i fy ngŵr ... ond o safbwynt fy nghrefydd dwi wedi godinebu yng ngolwg Duw, ac wedi ei anwybyddu Ef drwy briodi Cristion. Dwi wedi addo i Dduw y bydd y plant yn troi hefo fi at ffydd Islam. Mi wnes i daro bargen. Ond mae fy ngŵr, dach chi'n gweld ... wel, mi wnaeth fy salwch i effeithio arno fynta hefyd. Heb yn wybod i mi, roedd o hefyd wedi bod yn gweddïo ar ei dduw am i mi gael iachâd. Ac atebwyd ei weddïau yntau hefyd, yn do? Felly, dydi o ddim yn fodlon i mi dynnu'r plant o'u hysgol Babyddol nac i mi droi at fy ffydd i fy hun ... ac mae'r plant yn diodde o achos ein ffraeo ni'n dau.'

Dechreuodd ei dagrau lifo eto. Roedd y trên yn cyrraedd gorsaf Crewe – pen y daith. Yn frysiog, casglodd y ddwy eu bagiau a chodi o'u seddi. Wyddai Jên ddim be i'w ddweud, ond teimlai y dylai roi rhyw fath o gyngor i'r ferch druan.

'Gwrandwch,' meddai'n lletchwith wrth iddyn nhw ddynesu at y drws ymysg y rhes o bobol oedd yn ymlusgo'n flinedig o'u blaenau, 'gwnewch yn siŵr eich bod chi'n cael cyngor proffesiynol ... mi fedrwch gael hwnnw gan rai sy o'r un ffydd â chi ... a'ch gŵr gan rai o'i ffydd yntau. Mi fedran nhw'ch helpu chi i gyfaddawdu ...'

'Diolch i chi,' meddai'r ferch, a chamodd allan o'r trên i'r nos.

Aeth y gwynt o hwyliau Jên. Teimlai ei bod wedi methu cynnig cysur a bod ei chyngor yn aneffeithiol. Gobeithio y deuai rhywun amgenach na hi i helpu'r ferch a'i theulu, meddyliodd. Wedi'r cwbwl, doedd ganddi hi mo'r cymwysterau na'r wybodaeth am grefydd y naill a'r llall i fedru eu helpu i bontio'r gagendor oedd rhyngddyn nhw.

Trodd Jên yn benisel i chwilio am y trên i ogledd Cymru. Craffodd ar draws y platfform rhag ofn y câi gip o'r ferch roedd hi yn gwybod cymaint amdani, ond nid ei henw. Petai hi ond yn cael codi llaw arni mewn ffarwél ... ond roedd hi wedi diflannu. Sgwariodd Jên ei hysgwyddau a brasgamodd am ei thrên hithau, ac aeth i gyfeiriad cwbwl wahanol.

Cyffyrddiadau

Roedd mwclis o oleuadau yn wincio ar Margiad wrth iddi syllu drwy ffenest y swyddfa fechan yn ei chartref. Weithiau, pan gâi bwl o deimlo'n unig a mymryn yn isel, byddai'n gweithio'n hwyr y nos fel hyn nes i'r bore bach gyrraedd. Byddai'n cael ei chyfareddu wrth i dawelwch cefn gwlad daenu'i gwrlid o'i chwmpas. Swatiai ynddo a drachtiai'n ddwfn ohono. Codai ei phen o'i gwaith bob hyn a hyn i edrych ar oleuadau'r tai yn diffodd o un i un wrth i'w chymdogion fynd i'w gwlâu, a dychmygai fod pawb drwy'r ardal yn cysgu wedi i'r golau olaf ddiffodd. Wrth gwrs, rhyw rwdl bach diniwed i gysuro'i hun oedd peth felly – gwyddai, debyg iawn, fod nifer mewn swyddi amrywiol yn gorfod gweithio shifftiau. Rheidrwydd oedd llafurio gefn nos iddyn nhw. Roedd hi, ar y llaw arall, yn ddigymar a llawrydd, ac o'r herwydd yn gallu gwneud fel y mynnai â'i horiau ... o fewn rheswm. Ac ar adegau fel hyn, pan fyddai'r lleuad mor olau a chaddug yr hwyrnos yn llusgo'i draed cyn dwysáu, deuai cyffyrddiadau'r nos a'u cysuron iddi, a pheri i'w hwyliau godi.

Heno, a Margiad ar fin rhoi'r gorau i gyfieithu'r darn digon diflas yr oedd ar ei ganol, pingiodd ei chyfrifiadur i ddynodi dyfodiad e-bost newydd. Fyddai hyn byth yn digwydd gefn nos fel arfer, felly safiodd ei dogfen a throdd ei sylw at bwy bynnag oedd yn cyfathrebu â hi. 'Od,' meddai wrthi'i hun. 'Pwy fasa'n gyrru neges i mi gefn nos fel hyn?' Craffodd i'w ddarllen:

'Wedi bod yn y Whitworth heddiw. Gesiwch pwy welais i yno? Gobeithio'ch bod chi'n iawn. Huw.'

Huw, ystyriodd Margiad yn ddryslyd. Pa Huw, tybed? Yna gwelodd fod atodiad ynghlwm â'r e-bost. Agorodd hwnnw ... a chymerodd ei gwynt ati wrth weld y llun. Deallodd yn syth pa Huw oedd o – roedd o wedi anfon hunlun ati. Mab Gwenno, un o'i ffrindiau bore oes, oedd hwn, a'i mab bedydd hithau. Roedd o'n gwenu fel giât arni, a direidi yn pefrio yn ei lygaid. Dim rhyfedd, achos yn ei law, roedd ganddo lyfr agored ac un dudalen arbennig yn wynebu'r camera. Ar y dudalen honno roedd ffotograff o ddynes fechan gron oedd yn gwisgo côt dywyll a sgarff brithwe lliwgar. Roedd y ddynes, oedd yn edrych dros ei sbectol, yn amlwg wedi ymgolli'n llwyr yng nghynnwys y darnau gwyn o bapur oedd yn ei llaw.

'Brensiach!' meddai Margiad yn llawn chwilfrydedd, '*Fi* ydi honna!' Rhythodd eto ar sgrin ei chyfrifiadur, gan geisio gwneud pen a chynffon o'r sefyllfa. Roedd gan Huw swydd gyfrifol yn un o ysbytai Manceinion. Dyna egluro amseriad yr e-bost – mae'n rhaid ei fod o'n gweithio shifft nos. Debyg ei bod hi'n amsar panad hefyd, ystyriodd Margiad.

Aeth ton o gynhesrwydd drosti. Huw annwyl, yn meddwl amdani wrth dynnu'r llun yn yr oriel gelf, ac wedyn yn trafferthu ei anfon ati. Erbyn meddwl, roedd hi'n bosib ei fod o yr un mor chwilfrydig â hithau, ac yn meddwl pam goblyn roedd llun o'i fam fedydd ddi-nod mewn llyfr am gelf yn oriel y Whitworth ym Manceinion!

A dweud y gwir, allai Margiad ddim cofio achlysur tynnu'r llun. Edrychodd yn fanylach arno. Roedd hi'n edrych gryn dipyn yn ieuengach ar dudalen y llyfr. Doedd teitl y gyfrol nac enw'r awdur ddim yn eglur, a wyddai hithau fawr ddim am gyfrifiaduron i fedru chwyddo'r llun ar y sgrin i'w weld yn gliriach. Rhythodd eto arno. Ia, yn sicr ddigon, ei llun hi *oedd* ar ddalen y llyfr oedd yn llaw Huw – yn bendant.

Heb oedi, dechreuodd Margiad deipio ei hymateb i e-bost ei mab bedydd. Daeth neges yn ôl yn syth: llyfr Cymraeg oedd ganddo yn ei law yn y llun, yn dwyn y teitl *Pry ar Wal*. Yr awdur oedd Maldwyn Picos. Doedd hynny'n golygu dim i Margiad, ac yn amlwg, doedd o'n golygu dim i Huw chwaith!

Serch hynny, roedd hi'n mwynhau'r sgwrs ddigidol amheuthun hon. Dyna beth gwefreiddiol oedd cyfathrebu gefn nos fel hyn, meddyliodd. Roedd yn brofiad hollol wahanol i gael sgwrs e-bost yn ystod y dydd ... oherwydd y tawelwch y tu allan, o bosib, ac am na fyddai hi byth wedi ystyried gyrru neges i neb mor hwyr â hyn. Allai hi ddim meddwl am neb arall fyddai'n debygol o'i hateb tan y bore, beth bynnag. Darllenodd yr hyn sgrifennodd Huw unwaith eto. *Pry ar Wal.*

Yn sydyn, cofiodd. Roedd dyn o'r enw Mal, oedd yn artist, medda fo, wedi gofyn iddi a gâi dynnu ei llun hi flynyddoedd yn ôl. Ceisiodd gofio mwy ... ai hoffi lliwiau ei sgarff hi wnaeth o? Neu hwyrach ei fod eisiau llun o berson bach gwledig, cyffredin? Waeth beth oedd ei fwriad, o leia roedd hi wedi cofio'r peth rŵan. Daethai Maldwyn Picos i'w bywyd am amrantiad, yn ddi-lol a diffwdan, cyn diflannu drachefn mor sydyn â seren wib ... ond roedd cofnod o'r ennyd fer honno ar gof a chadw. Fyddai hi ddim wedi meddwl ddwywaith am y peth chwaith, heblaw bod Gwenno, mam Huw, efo hi ar y pryd, ac yn wahanol iddi hi, yn gwybod yn union pwy oedd yr arlunydd fyddai'n dod yn fyd-enwog maes o law. Roedd o'n Gymro glân gloyw ac yn ymddangos o bryd i'w gilydd ar y cyfryngau, meddai Gwenno wrthi. Cofiodd fel y perswadiodd ei ffrind hi i roi ei chaniatâd i'r dieithryn dynnu'r llun. Brensiach! Roedd hi'n fraint cael ei chynnwys yn un o'i lyfrau, ystyriodd, waeth be oedd y rheswm dros ei dewis hi yn destun yn y lle cynta.

Gyrrodd neges o eglurhad at Huw, a buan iawn y mynegodd yntau ei syndod. Soniodd ei fam erioed wrtho am Maldwyn Picos. Ond ffarweliodd â hi ar yr un gwynt – roedd yn rhaid iddo ailgydio yn ei ddyletswyddau yn yr ysbyty.

Ceisiodd Margiad hithau ailgydio yn ei gwaith cyfieithu, yn siomedig fod cyffro ei sgwrs annisgwyl ar ben, ond allai hi ddim canolbwyntio. Penderfynodd gymryd un cip sydyn ar y llun ohoni ei hun cyn clwydo, ac yn ddirybudd, llifodd ei hatgofion o'r diwrnod y'i tynnwyd yn ôl, fel petai'n ddoe.

Yn archifdy'r dref oedd hi, yn pori drwy hen rifynnau o'r cylchgrawn *Pais*. Yn un rhifyn, er mawr ryfeddod iddi, darganfyddodd stori roedd ei mam wedi ei hadrodd wrthi sawl gwaith ar lafar. Doedd gan Margiad ddim syniad cyn hynny fod ei mam wedi rhoi ei stori lafar ar ddu a gwyn, ond mae'n rhaid ei bod hi – roedd yr union stori honno ar y ddalen o'i blaen, ac enw ei mam dan y teitl. Talodd Margiad am lun-gopi o'r stori a rhoddodd y dalennau yn ei bag cyn rhuthro i'r caffi lle roedd Gwenno'n aros amdani. Bu'r ddwy yn trafod y stori bob yn ail â llowcio paneidiau poethion a hel yn eu boliau, a chofiodd Margiad y profiad melys a gafodd hi o'i ddarllen. Roedd yn union fel cael sgwrs hefo'i mam, flynyddoedd ar ôl iddi'i cholli. Bron na allai deimlo cyffyrddiad ei llaw ar ei llaw ei hun. Dyna pryd y brasgamodd y dyn talsyth ati, a gofyn iddi a gâi dynnu llun ohoni'n darllen.

Teimlodd Margiad yn hynod flinedig mwya' sydyn. Cododd ei phen a sylweddoli fod y wawr ar dorri, a bod un neu ddau o oleuadau'r mwclis ar y bryniau gerllaw wedi ailymddangos yn barod. Diffoddodd ei chyfrifiadur a throi am ei gwely. Pan fyddai'n deffro, penderfynodd, byddai'n mynd i chwilota am y stori honno, ac yn ailddarllen geiriau ei mam.

Craith

Sgrifennwyd y stori hon gan fy mam, Hannah Mary Lewis, yn Inffyrmari Frenhinol Manceinion yn 1941 – cyfnod y Blitz.

Mae'n noson oer, a hyrddiadau'r glaw yn chwipio'r hen adeilad. Er gwaethaf rhu'r gwynt y tu allan mae'n dawel yma, a'r stafelloedd fel celloedd lleianod. Mae hi'n hanner awr wedi wyth. Chlywa i mo'r storm oherwydd trwch y muriau, ond daw digon o gyffro i'm rhan cyn hir.

'Hanner awr wedi wyth! Hanner awr wedi wyth!' Mae Agnes yn galw yn ei llais croch. Rhyfedd nad ydi hi wedi dysgu gostwng ei llais mewn lle fel hyn. Clywaf ei churo trwm ar fy nrws a'i llais yn merwino fy nghlustiau.

'Sut noson ydi hi, Agnes?' holaf yn gysglyd.

'Gwlyb, oer, a thywyll fel bol buwch,' ateba hithau.

'Go dda!' medda finna, yn teimlo rhyddhad. 'Fedran nhw ddim gollwng eu bomiau heno felly. A fydd dim rhaid i Dympna weddïo ar Fair mam Duw i'n gwaredu ni.'

Tydi Agnes ddim yn gwrando arna i.

'Os na symudwch chi'n o handi, mi fyddwch chi'n hwyr, Nyrs Lewis!' bygythia. 'Mae 'na gig moch heno, cofiwch.'

Ysgydwaf fy mhen yn anghrediniol. Be 'tasa Tada'n gwybod 'mod i'n bwyta cig moch, uwd a marmaled am hanner awr wedi wyth y nos – a thatws, grefi a chig i frecwast, ac ambell bowlenaid o bwdin reis i'w ganlyn!

Rwy'n codi'n araf a diamynedd. Mae'r hiraeth yn corddi y tu mewn i mi – hiraeth am fy mrodyr, Harri a William, a Nanw fy chwaer, am rieni, am fy mamiaith, am Ben Llŷn, ac am agosatrwydd cyfeillion. Daw ton o dristwch drosta i wrth gofio marwolaethau Arthur ... a Rolant – yr hen 'Toffi Rôl' annwyl a diniwed, y clenia' fyw o hogia – a gollwyd yn Düsseldorf.

Düsseldorf! Hen enw cas ydi o. Dwi'n casáu'r gair ... ond mae'n rhaid i mi fod yn ddewr, a hoelio fy sylw ar fy ngwaith er mwyn anghofio. 'Byddwch lawen a hyfryd!' Dyna'r geiriau ddaw i 'mhen. Wn i ddim be ydi eu hystyr nhw'n iawn, ond yn fama, dyna be fyddan nhw'n 'i ddeud wrthon ni. Debyg mai ein siarsio i beidio bod yn niwrotig maen nhw. Ond er na wn i mo ystyr y geiriau yn llawn, maen nhw'n rhoi gwynt dan fy adain bob amser, beth bynnag ddaw.

Cerddaf at y drych a gafael yn fy hen sanau gwlân trwchus du. Ych! Y fath gywilydd – cael ein gorfodi i wisgo'r fath bethau anffasiynol! Dim rhyfedd i Harri chwerthin cymaint pan welodd fi ynddyn nhw. Ond mae fy ffrog o biws golau – dyna liw gwisg nyrsys y drydedd flwyddyn yn Inffyrmari Manceinion – yn ddel iawn. Dwi'n falch o honno. Gwisgaf fy nghlogyn glas tywyll hefo'r leinin coch, a'r cap gwyn graenus, a sgidiau hefo sawdl go dda arnyn nhw i wneud i mi edrych yn dalach.

'Brysia, Lw-lw,' medd Robin, fy ffrind. 'Maen nhw'n deud bod Ward S5 yn ddistaw iawn heno.'

'O, dwi'n siŵr!' dywedaf yn goeglyd. 'Fu S5 'rioed yn ddistaw. Deuddeng awr o waith caled: rhedeg, gwrando, rhoi morffia, newid cadachau, llyncu tamaid o fwyd ar hast rhwng rhoi *bed pan* a newid gwely gwlyb. Dyna'r S5 dwi'n 'i nabod!'

Ond heno, *mae* S5 yn rhyfeddol o dawel. Synnaf wrth ddarllen adroddiad y Sister. Rho hithau ei chlogyn amdani a dweud yn ddidaro wrth adael y ward.

'Mae 'na longwr ifanc i lawr y grisiau sy newydd gael tynnu'i ddant. Mae ei wres yn codi. Ella bydd angen gwely arno fo ar y ward yma os na fydd o'n gwella.'

'O'r gora, Sister,' atebaf, gan ddechrau edrych am wely gwag yn syth.

Wrth i mi ddod allan o'r offis, gwelaf Betty Jensen, neu Betty Jay, y nyrs fach newydd o Norwy, yn cerdded yn araf i lawr y ward ac yn craffu'n ofalus ar bob wyneb; yn sibrwd rhywbeth weithiau wrth un neu ddau wrth iddi fynd ar ei rownd. Dacw

Joe yn smocio eto ar y slei. (Ond wela i mohono fo, wrth gwrs!) Mae ganddon ni ddêt o flaen y *Tatler* ryw dro yn y dyfodol ... ond does 'na ddim dyfodol, yn nac oes, Joe? Mi wn i hynny'n iawn. Ond be ŵyr o, tybed? Rydw i isio i Joe fwynhau ei smôc heno.

Er distawed y nos, mae 'na ddigon i'w wneud am ryw ddwyawr, beth bynnag. Does dim amser i gael sgwrs gall hefo'r nyrs newydd, dim ond cyfle sydyn i ddweud ambell jôc i 'sgafnu ein sefyllfa wrth dacluso gwely un neu ddau sy wedi cadw'n ddigon effro i gael paned ar y slei.

*   *   *

Dyna gloch y ffôn yn canu ei thinc ddistaw – ond mae'r alwad yn ddigon uchel i mi fedru ei chlywed, a rhedaf i'w hateb. Oes, mae angen gwely ar Mike. Gwely i orffwys ynddo ar ôl cael tynnu un dant! Chlywis i 'rioed am glaf yn cael aros dros nos ar ôl peth felly o'r blaen. Ond falla mai dioddef o or-flinder mae o.

Un stafell fechan yn unig sydd ar y ward hon, a dwi'n brysio i ddarparu'r gwely sydd ynddi. Daw Ross, y porthor, i fyny'n ddistaw yn y lifft a Mike gydag o. Caf ei nodiadau meddygol gan Ross, ac edrychaf ar y llanc ugain mlwydd oed. Mae'n ymddangos yn gryf o ran corffolaeth, ac mae lliw ei lygaid yn anghyffredin o dlws. Mae ganddo wrid ar un foch. Gormod o wrid.

Ond tydw i ddim yn poeni gormod yn ei gylch. Wedi'r cwbwl, dim ond wedi cael tynnu dant mae o. Mae 'na rai eraill mewn gwaeth cyflwr na fo o lawer – Joe, er enghraifft, a'r hen Fistar Brown mor symol; Edward wedyn, yn methu cofio dim er nad ydi o ond deunaw. A Marcus. Mae 'na rywbeth rhyngon ni'n dau na ddylwn i feddwl amdano yn ystod oriau gwaith.

Dwi'n cael gair yng nghlust Ross, ac ar ôl iddo fynd af ati i sicrhau fod Mike yn gysurus. Mae o'n bur ddiamynedd, yn aflonydd a braidd yn flin, ac yn swnian drosodd a throsodd;

'Dwi isio mynd adra, Nyrs!'

Cymeraf ei wres. Mae'n uchel yn barod, ac yn dal i godi. Ond daw'r Sister nos cyn bo hir, a'i holl brofiad nyrsio efo hi. Alla i wneud dim mwy ond cadw llygad barcud arno. Mi fuasai'n dda gen i pe bai'n peidio bod mor aflonydd. ... Rhoddaf gadach claear ar ei wyneb, a gobeithio i'r nefoedd y bydd ei wres yn gostwng fymryn. Ond na, dringo eto mae o ... a dringo. Erbyn hyn, rwy'n pryderu go iawn. Yn sydyn, mae o'n lluchio ei freichiau cryfion allan ac yn fy nharo'n ddamweiniol. Mae'r ergyd yn fy hyrddio ar draws y stafell fel taswn i'n bluen. Mae Mike yn dechrau ffwndro. Rhuthraf at y ffôn, a daw'r meddyg a'r Sister nos ato'n syth.

'Rhowch un rhan o dair grên o forffia, Nyrs!' yw gorchymyn y meddyg.

Yn fy nychryn, alla i ddim ffrwyno fy nhafod, a mentraf holi'n floesg os ydi hynny'n ormod ai peidio. Caf gerydd am feiddio cwestiynu barn y dyn pwysig.

*   *   *

Rwyf ar fy mhen fy hun unwaith eto, a Mike yn fy ngofal. Mae o wedi tawelu tipyn bellach, diolch byth.

'Pa ddiwrnod o'r mis ydi hi, Nyrs?' holodd. A phan atebais, dechreuodd gynhyrfu eto.

'Diwrnod pen-blwydd Mam!' meddai'n gysglyd. Mae'r morffia'n dechrau gafael, a Mike yn ymrwyfo a throi a throsi. Bellach, tydw i ddim yn ddi-hid ynglŷn â'r claf ddaeth i mewn i gael tynnu dant. Dwi'n poeni o ddifri amdano, gan fod ei wyneb yn fflamgoch a'i dafod yn chwyddedig, a'i lygaid tlws mor glwyfus.

'Mike! Mike?' O, be wna i? Dwi'n methu 'i wella fo ... mae fy maich yn rhy drwm ... Estynnaf ddiod a'i gynnig iddo. O'r nefoedd, mae ei wres yn uchel, uchel. A finna mor ddibrofiad ... yn meddwl 'mod i'n gwybod y cwbwl ar ôl yr holl astudio a dysgu. Ond rydw i mor affwysol o ddibrofiad o hyd!

'O, Mike bach!' sibrydaf, gan geisio meddwl am ryw esboniad i'w roi iddo. 'Hen gasgliad mawr sydd yn chwarennau dy wddw.' Be wna i os wnaiff o ledaenu ...? O, rhaid i mi beidio â hel meddyliau duon. Fiw i mi alw am help y Sister na'r meddyg pwysig, er 'mod i ar dân isio gwneud.

Druan o'r nyrs fach newydd. Mae hithau hefyd yn cael noson galed. Mae'n gwneud ei gorau glas i fy helpu, a dydi hi ddim wedi cael tamaid i'w fwyta ers wn i ddim pryd. Ond tydi bwyd ddim ar ein meddyliau rhyw lawer. Dwi'n gweld o edrych ar ei hwyneb dwys ei bod hi'n rhannu fy mhryder, felly ceisiaf ein cysuro ni'n dwy drwy ddweud bod y Sister nos bob amser yn brydlon. Ond alla i ddim aros llawer mwy ...

Mae Mike yn dawel am funud, yna dechreua fwngial yn flinedig.

'Pen-blwydd Mam heddiw,' meddai, heb ddeall bellach be ydi ystyr y geiriau. Sgwn i alla i fentro ei adael o am un funud fach? ... Well i mi ffonio am gymorth. Rhof un cipolwg arno cyn mynd ... O, na! Na! Ro'n i'n iawn. Mae ei wedd o'n newid, yn glasu, a dyna oeddwn i'n ei ofni fwyaf. Dwi'n cythru am y ffôn.

'Sister, plis, dowch yma ar unwaith! Mike .... plis dowch!'

*   *   *

Mae'r Sister a'r meddyg yn cyrraedd.

'Ewch i nôl y petha, Nyrs!' meddai'r meddyg yn siarp. A dwi'n gwybod be ydi ystyr 'y petha'. Dwi'n dod â nhw iddo ar f'union. A chyda'r gyllell finiog, heb oedi dim, mae'n torri i mewn i'r bibell wynt yn sydyn a gofalus.

'Poera, Mike bach!' ymbiliaf arno. 'Poera ... poera!' Rhydd y meddyg diwb bach arian i mewn yn y toriad, gan obeithio cael

Mike i anadlu unwaith eto. Daliaf innau ati i ddweud wrtho am ymdrechu i boeri'r crawn o'i wddw.

Tydi o ddim yn tynnu ei lygaid tlws oddi ar fy wyneb i. Tybed ydi o'n meddwl ... wn i ddim. Mae o'n dal i edrych arna i, ac yn ufuddhau ... yn rhoi ei ffydd yn un na all ei helpu.

Mae ei lygaid yn cau ... am byth. Be wna i? Crio? Llewygu? Na. Chaiff nyrs ddim crio na llewygu. Clywaf lais oer y Sister:

'Gwell i chi ddarllen am y salwch yma gogyfer â'ch arholiadau. Ewch rŵan, Nyrs. Mae rhywun eich angen ym mhen draw'r ward.'

Dyna ei dull proffesiynol hi o ddod â fi at fy nghoed, debyg.

* * *

'Lle buoch chi, Nyrs?' gofynna Joe.

'Diogi yn rwla,' medd Robert.

'Naci – yn yfed te!' atega Dick.

'Caewch eich cegau!' siarsia Albert. 'Oes 'na banad ar ôl yn y tebot iddi hi?'

Mae hi'n hanner awr wedi wyth unwaith eto. Deuddeng awr wedi mynd heibio ers i mi godi. Ar goesau trwm, ymlwybraf yn lluddedig tuag at y cantîn. Deallaf fod Dympna wedi cael gwybod am Mike. Mae hi'n ddistaw am unwaith. Tybed a aiff hi i'r Offeren y bore 'ma cyn cysgu? Gobeithiaf hynny, rywsut.

Ystyriaethau Cyn Cloi

Datblygu Crefft y Stori Lafar wledig

I mi, mae'n haws creu stori ddoniol ysgrifenedig ar ôl dysgu'r grefft o adrodd straeon ar lafar yn y lle cyntaf. Gall pawb, i ryw raddau, roi straeon o'r math hwnnw at ei gilydd o ddeall eu patrwm cyffredinol. O'u dweud neu eu hadrodd sawl gwaith wrth wahanol bobol, mae'n bosib mesur be sy'n difyrru neu gydio, a be sydd ddim. Y dasg ychwanegol wedyn yw creu a golygu'r stori. Patrwm yw popeth wrth ddysgu. Drwy wrando a defnyddio patrwm anweledig rhai aelodau o 'nheulu oedd eisoes wedi meistroli'r grefft honno y dechreuais ddysgu, yn ddiymwybod bron, be oedd siâp eu straeon llafar nhw. Er gwybodaeth, gan fod sawl un wedi gofyn, mi geisia i ddisgrifio a rhestru'n fras sut dysgais i'r hen grefft wledig o ddweud stori.

1. Cefais fy annog, ym mlodau 'nyddiau, **i feddwl am frawddeg neu osodiad agoriadol** oedd yn mynd i hudo a chodi clustiau gwrandawyr cyn datblygu stori lafar. Dysgais wneud hyn pan oeddwn tua tair neu bedair oed, achos mi fyddai Mam yn fy annog i gynnal sgwrs. Er enghraifft, dyma un o'r brawddegau dwi'n cofio eu dweud.

'Ma' Tedi Mawr fi yn ddau ddeg oed.' (Rhyfedd, o feddwl mai dim ond pump oeddwn i!) Wedyn byddai fy nghynulleidfa yn fy holi, a thynnu'r stori o 'ngenau, fel petai – a minnau'n eu hateb drwy egluro mai anrheg i Mam oddi wrth 'Nhad oedd Tedi Mawr 'am bod nhw'n ddau gariad...' ac yn y blaen, nes bod fy stori yn gyflawn, wedi cyrraedd pen ei thaith, a phawb wedi cael eu diddori. Felly roedd fy ymdrech i dynnu sgwrs yn dwyn ffrwyth, a minnau wedi ufuddhau i orchymyn Mam, sef bod rhaid ymdrechu i sgwrsio hefo pobol, yn hytrach na pheidio cyfrannu o gwbwl. Roedd peth felly yn wrthun gan fy mam.

Dysgais yn gynnar iawn na fedrwn gynnal unrhyw sgwrs heb frawddeg agoriadol oedd yn bachu sylw'r gwrandawyr! Enghraifft arall o frawddeg o'r fath oedd, 'Bob dydd Gwener, mi fydd Mam a Mistar Huws Llefrith yn yfad te a cha'l smôc yn gegin gefn.' Byddai'r gosodiad hwnnw bob amser yn troi pennau! Byw mewn ardal wledig iawn oedden ni, a'r dyn llefrith yn galw ddiwedd yr wythnos ar ôl gorffen ei rownd lefrith i nôl ei bres. Roedd ganddo siwrnai hirfaith, a Mam yn falch o gael sgwrs a dysgu hanes ein pentref ganddo yn ei ffordd hwyliog a difalais ei hun. Y gegin gefn oedd y stafell agosaf at y drws, a'r gynhesaf yn y tŷ. Fyddai Mam ddim yn smygu fel arfer, dim ond yr un sigarét honno bob dydd Gwener. Roedd smygu yn arferiad cymdeithasol bryd hynny, a ddim yn cael ei weld yn beth afiach o gwbwl – i'r gwrthwyneb!

'Dydd Sul, mi nath Carys a fi chwara gêm o gardia efo'r gweinidog.' Gweinidog gwadd oedd yr un dan sylw, oedd yn cael cinio Sul hefo ni. Fel arfer, yng nghefn gwlad ers talwm, roedd hi'n bechod marwol chwarae ar y Sul, heb sôn am chwarae cardiau. Roedd hynny'n cael ei ystyried yn weithred fel betio, hyd yn oed os nad oedd rhywun yn trin nac yn ennill pres! Yn amlwg, roedd fy rhieni a'u gwestai yn fwy eangfrydig na'r rhelyw bryd hynny.

'Ma' Dad wedi ca'l *hysterectomy*.' Bu yn yr ysbyty yn cael tynnu cerrig o'i fustl. Yr wythnos cynt, roedd un o ffrindiau benywaidd fy rhieni wedi cael llawdriniaeth i dynnu ei chroth. Ro'n i wedi cymysgu'r ddau salwch, heb ddeall be oedd 'run ohonyn nhw!

2. **Datblygu'r stori:** Nid fy rhieni a 'nheulu oedd yr unig rai i f'annog i adrodd stori. Bob dydd Llun yn ysgol gynradd Brynaerau, byddai pawb ohonom ni ddisgyblion yn cymryd ein tro i eistedd ar ben stôl o flaen y dosbarth i ddisgrifio sut

roeddem wedi treulio'r bwrw Sul. Nid yn unig roedd hynny'n galluogi'r plant i fynegi'r hyn roedden nhw angen ei ddweud, ond byddai o fudd hefyd i'r athrawes/athro, i weld os oedd rhywbeth yn poeni plentyn, neu os oedd o neu hi yn sâl, neu rhywun adref yn wael. Byddai'r plentyn hefyd yn cael ei gywiro os oedd ei ffeithiau'n anghywir, ac yn dysgu wrth adrodd ei stori. Byddai sgwrsio fel hyn o fewn cymuned glòs yn rhan o wead ardaloedd gwledig, a'r plant, yn reddfol bron, yn cael eu dysgu i gyfathrebu. Roedd y weithred yn rhan o'n haddysg ni. Wedi'r cwbwl, os allech chi ddweud eich dweud ar lafar, roedd hi'n haws wedyn mynegi'ch hun ar bapur.

3. Difyrrwch a chyfrannu at wead cymdeithas: Byddai pawb yn sgwrsio ac yn adrodd straeon ers talwm, a rhai gwell na'i gilydd yn cael eu cydnabod yn storïwyr gwerth chweil. Dim ond dechrau datblygu oedd y cyfryngau, ac er bod 'na bapurau newydd, radio, a theledu du a gwyn, roedd straeon ar lafar yn rhan o wead cymdeithas, pan oedd bywyd yn gyffredinol yn arafach. Ac er nad oedd hel straeon am bobol, a busnesu, yn rywbeth roedd 'pobol neis' i fod i'w wneud, rhag ofn enllib neu falais, roedd y straeon llafar ffraeth yn difyrru ac yn addysgu – yn enwedig y rhai am ymddygiad pobol, a'u perthynas â'i gilydd.

4. Roedd byd natur ac anifeiliaid byd amaeth yn rhan annatod o'n straeon, a'r ddau fyd yn cyd-fyw drwy'i gilydd ... heb anghofio'r meidrolion hefyd, wrth gwrs. Yng nghefn gwlad roedd cefndir a digwydd y straeon llafar. Mab fferm oedd fy nhad, ac roedd dylanwad hynny arno – ac arnaf innau, gan 'mod i'n gwrando ar y straeon rheiny y byddai'n eu hadrodd wrtha i. Dyna i chi hanes iâr yn gori ar nythaid o wyau hwyaden, ac yn cynhyrfu a methu â deall pam roedd ei chywion bach yn mynnu neidio i'r dŵr i nofio, a hithau heb glem sut roedd gwneud hynny. Dangosodd 'Nhad i mi drwy adrodd y stori hon mai'r un oedd gofal yr iâr am ei chywion, er mai cywion hwyaden roedd

hi'n eu magu. Byddai'n tynnu fy sylw at ryw bryfetach bach di-
nod ar riniog ein drws ac yn yr ardd acw drwy'r adeg.

Roedd y rhan fwyaf o'r gymdogaeth y cefais i fy magu ynddi
yn amaethu. Â chefn gwlad dan ein trwynau, yn rhan annatod
o'n gwead ni i gyd, un ac oll, fedren ni ddim llai nag arsylwi
arno, yn enwedig o gael ein hannog i wneud hynny. Roedd natur
yn bwnc craidd yn yr ysgol gynradd, ac yn rhan o'n sgwrsio ni,
a'r plant yn dysgu mwy fyth am y byd hwnnw drwy glustfeinio
ar y sgyrsiau.

Dwi'n cofio Mistar Huws Llefrith, oedd yn bysgotwr heb ei
ail, yn adrodd ei hanes yn pysgota yng nghanol afon Llyfni.
Disgrifiodd ei welintons mawr i ni, rhai hir at ei fogail (roedd
yn rhaid i mi ofyn wedyn be oedd bogail, a chefais eglurhad!),
ond yr hyn dwi'n ei gofio orau oedd y ffaith iddo fo ddeud ei
fod o'n gorfod stwffio sindars oer o'r lle tân i lawr y sgidia mawr
rwber rheiny, rhag ofn i ddyfrgwn yr afon gnoi ei goesau! Wedi
i mi glywed y stori honno, mi es i i'r ysgol y bore Llun canlynol,
yn fwg ac yn dân eisio cael adrodd y stori, sef bod Mistar Huws
Llefrith wedi cael 'i frathu yn ei foga'l gan y dyfrgi mwya welodd
neb erioed, a dyna pam bod 'i welintons pysgota fo'n llawn o
sindars!

**5. Roedd byd amaeth yn ogystal â natur yn cyfoethogi ein
hiaith a'n straeon llafar ni.** Roedd yr un peth yn wir am ein
sgrifennu creadigol hefyd, yn enwedig ein hansoddeiriau a'n
cymariaethau:

'Mochyn o ddyn oedd o!'

'Roedd hi'n rêl hen ast!'

'Mi ddisgynnodd Yncl Wiliam ar ei hyd ar lawr yn un
llyffant!'

'Roedd o'n neidio o gwmpas y lle fel llyffant blwydd!'

'Mi oedd Leusa'n gynnes ac yn glyd fel pathew yn ei gwely
bach.'

6. Dysgu pwysigrwydd lliwio a goslefu'r straeon llafar drwy sibrwd, arafu, cyflymu, ac ati – heb anghofio cydnabod cynulleidfa. Roedd mynychu steddfodau ac adrodd ynddynt yn bendant yn ein dysgu ni blant i lefaru a mynegi'n hunain yn eglur – hyd yn oed rhai bach fel y steddfod ysgol a steddfod y capel, a dweud adnod yn yr ysgol Sul. Roedd yn rhaid i chi ystyried eich cynulleidfa yn fanno, achos doedd dim iws sbio ar eich traed a mwngial rhwng eich dannedd os oeddech chi am gael eich clywed yn adrodd. Dylem edrych ar ein cynulleidfa, debyg iawn, yn enwedig y bobol yn y cefn, a rhannu'r hyn roedden ni'n ei fynegi efo pawb yn y stafell.

7. Roedd adrodd mewn steddfod yn gwneud i chi ddarllen, deall, dysgu a llefaru (yn achos stori lafar, mi faswn i'n meddwl mai gwrando, deall, creu ac ail-bobi, ac wedyn y dweud fyddai'r drefn). Ond roedd llawer yng nghrefft y llefarwr barddoniaeth hefyd – yn enwedig adroddiad barddoniaeth ddigri – yn gyffredin â dweud stori lafar. Roedd cofio gwrando'n ystyrlon ar yr hyn roeddech chi'ch hun yn ei ddweud, a chofio wrth bwy roeddech chi'n ei ddweud o, yn gyffredin rhwng y ddwy grefft. Y peth pwysicaf oedd gallu dweud eich dweud, yn union fel petaech chi'n rhannu cyfrinach, neu ddigwyddiad pwysig, efo ffrindiau. Efallai na fyddai beirniaid llefaru y dyddiau yma yn cytuno, ond canolbwyntio rydw i ar ddweud stori lafar, nid 'llefaru', ac mae'r uchod i gyd yn rhan o hynny.

8. Dynwared cymeriadau, eu disgrifio, a rhoi darlun byw o leoliad y digwydd fyddai'n rhoi sglein ar gampwaith y storïwr llafar. Byddai'r naill beth yn codi gwên os byddai'r gwrandawyr yn adnabod y gwrthrychau fyddai'n cael eu portreadu, a'r llall yn creu awyrgylch wrth beintio darlun llafar o leoliad arbennig.

9. Diweddglo hefo ergyd iddo fo. Datrysiad y stori fyddai'r diweddglo yn ysgol Brynaerau ers talwm.

Hyd y gwn i, drwy ddilyn y canllawiau uchod y dysgais i ddatblygu straeon yn fy mhen, ac wedyn, yn nes ymlaen, eu dweud nhw. Ond fel y soniais i, dull fy rhieni o 'nghael i, eu hunig blentyn swil, i gyfathrebu o fewn ein cymdeithas oedd fy annog yn y maes hwn. Roedd y ddau o'r farn y dylai plant gael 'dweud eu dweud' os oedd rhywbeth yn eu poeni. Doedden nhw ddim yn credu y dylent orfod mygu eu teimladau ... nid i ennill gwobrau mewn steddfodau y cefais i fy rhoi ar ben ffordd.

Ystyried Hiwmor

Yn 2007, dwi'n cofio cael gwahoddiad i fynd i lansiad llyfr *Hiwmor Idris a Charles* a sgrifennwyd gan y diddanwr Idris Charles, mab yr enwog Charles Williams (Cyfres 'Ti'n Jocan', Gwasg y Lolfa). Roedd y neuadd bentref yn orlawn, a phawb yn g'lana' chwerthin wrth i Idris hel atgofion am hiwmor ei dad, a'i hiwmor o'i hun.

Ond nid y jôcs ffraeth na'r straeon difyr ddaliodd fy sylw. Yn hytrach, cefais gymariaethau Idris o'i hiwmor ei hun, o'u rhoi ochr yn ochr â hiwmor Charles Williams, yn ddiddorol iawn. Roedd 'na wahaniaeth sylweddol yn y ddau fath o gomedi. Ac erbyn dallt, roedd y tad wedi bod yn bur llawdrwm ei farn am gomedi *stand-up* ei fab. Y gwahaniaeth yn fras, yn ôl yr hyn a ddeallais, oedd bod hiwmor Charles wedi ei angori yn y traddodiad llafar gwerinol Cymraeg, a bod Idris yn defnyddio llawer mwy o jôcs Eingl-Americanaidd oedd wedi eu cyfieithu i'r Gymraeg, yn gymysg â'i straeon traddodiadol. Ar y naill law, roedd hiwmor Idris yn deillio o'r hyn oedd yn y 'ffasiwn' wrth i fyd comedi'r clybiau dreiddio i'n setiau teledu ac ar ein llwyfannau. Ar y llaw arall, roedd Charles yn perthyn i'r genhedlaeth hŷn a gofiai'r 'werin ddysgedig ffraeth' oedd, yn anffodus, erbyn cyfnod y stand-yp yn wythdegau'r ganrif ddiwethaf, yn dechrau cael eu hystyried yn anffasiynol yng ngolwg y to ifanc.

Dwi hefyd yn tybio bod y clybiau a'r cyfryngau yn llyncu llawer iawn mwy o sgriptiau a deunydd-codi-hwyl na'r nosweithiau llawen traddodiadol rheiny a fodolai ymhell cyn oes teledu a radio. Roedd yn rhaid i'r comedïwyr mwy diweddar, felly, ymestyn eu harlwy drwy ddefnyddio mwy o jôcs, *gags* a *padding* na'r straeon doniol a ddeilliai o ffraethineb llafar gwlad a straeon troeon trwstan.

Beth bynnag am hynny, mi wnaeth y gymhariaeth hon

argraff arna i ar y pryd, mae'n amlwg. Yn ddiweddarach, daeth cri am ddiwygio arlwy'r Steddfod Genedlaethol, a chais am gael noson stand-yp yn y Pafiliwn, o bob man! Roedd llawer yn wfftio a thwt-twtian ar y pryd. Ond mi wireddwyd hynny – mewn mwy nag un Steddfod – a bellach mae'r nosweithiau rheiny wedi llwyddo'n rhyfeddol i dorri cwys newydd yn arlwy'r Genedlaethol ac wedi ennill eu plwy. A da o beth ydi hynny, oherwydd dwi'n meddwl eu bod nhw'n cadw cynsail yr hen draddodiad gwerinol llafar mewn cof o hyd wrth ddewis perfformwyr.

Wedyn, mi soniodd rhywun y basa'n syniad i mi fy hun roi tro ar stand-yp. A wyddoch chi be? O glywed y cais hwnnw, mi es i i deimlo'n reit sigledig. Un o'r rhesymau am hynny ydi na alla i gofio jôcs yn dda iawn. A deud y gwir, fedra i ddim eu cofio nhw o gwbwl ... ar wahân i ryw un neu ddwy aflednais yr ydw i eisoes wedi eu troi nhw yn gerddi Stomp!

Ta waeth, ar ôl pwyso a mesur hiwmor Idris a Charles, mi es i ati i drio deall a dadansoddi'r hiwmor syml, cynhenid hwnnw oedd yn deillio o lafar gwlad. Erbyn hynny roedd pobol wedi dechrau lladd ar ddeunydd stand-yp, gan gyhuddo sawl comedïwr/wraig o fod yn frwnt, di-chwaeth a gwleidyddol-ansensitif. Dechreuais feddwl – a ydi hi'n bosib diddanu cynulleidfa heddiw heb ddefnyddio coegni na dychan na negyddiaeth o unrhyw fath?

A be am wenu? Fel dwi eisoes wedi crybwyll, mi ges i fy magu ym mherfeddion cefn gwlad y Gymru Gymraeg honno lle roedd pawb yn cydnabod ei gilydd drwy gyfarchiad. Yn amlach na heb, holi sut hwyl a be oedd y tywydd fyddan nhw. Y tristwch mawr mewn cymunedau cyfoes, mwy trefol, ydi bod pobol ddim yn nabod ei gilydd, a phan fydd rhywun yn gwenu i gyfarch neu groesawu, mae pobol yn aml yn edrych ar eu traed!

Mae rhai yn ymateb i ddehongliadau comedïwyr stand-yp o straeon syml yn nawddoglyd, eraill yn fwy tosturiol – tybed ydyn nhw'n meddwl nad ydi'r perfformiwr yn llawn llathen? Neu efallai eu bod nhw'n credu pob gair mae'r comedïwr yn ei ddweud yn hollol llythrennol. Mentraf gynnig nad oes a wnelo pobol felly ddim â dychymyg na hiwmor. Mae pob storïwr gwerth ei halen yn rhoi strej yn ei stori, debyg iawn!

Yn fy mhrofiad i, tydi'r math syml o hiwmor ddim fel arfer yn apelio at y rhai mwyaf athrylithgar a darllengar yn ein plith ni – yn ôl be dwi wedi'i weld a'i gasglu. Mae eu synnwyr digrifwch nhw yn dibynnu mwy ar glyfrwch geiriol, dychan effeithiol, ynghyd â sylwgarwch doniol a chrefftus o'r hil ddynol. Achos erbyn hyn, mae'r werin athrylithgar ffraeth yn aml wedi cael dogn go lew o addysg coleg, ac mae eu hwyl nhw wedi troi i fod yn fwy soffistigedig ac yn llai agos at y pridd ... neu'n llai 'di-chwaeth' efallai. Digon teg. Dydi pawb ddim yn gwirioni 'run fath, nac'dyn?

Ond be ydi sylfaen ein hen, hen draddodiad gwerin ffraeth Cymreig ni, felly? Sbardun y stori yn aml ydi'r sefyllfa ddoniol sy'n perthyn yn agos iawn i'r tro trwstan, ynghyd â meistroli'r grefft hanfodol honno o fedru adrodd stori yn glir a dealladwy. Gallai'r profiad doniol fod wedi digwydd i'r storïwr ei hun, neu ei fod yn ailadrodd straeon ail law. Does dim amheuaeth mai o'r traddodiad llafar mae'r grefft hon yn tarddu. 'Dawn dweud' oedd yr hen bobol ers talwm yn ei galw. Fy hun, mi faswn i'n dadlau nad 'dawn' yn unig oedd gan yr hen Gyfarwydd neu'r Storïwr, ond 'crefft'. Achos mae modd ei dysgu hi i rai pobol, ac mae hi'n bosib iddyn nhw ddysgu sut i'w meistroli hi hefyd. A fyddai dim rheidrwydd arnyn nhw i ddweud yr un jôc o gwbwl, na dibynnu ar eiriau mwys na chlyfrwch geiriol, na theimlo rheidrwydd i wneud rhyw safiad gwleidyddol chwaith. Fyddai dim rhaid iddyn nhw regi, hyd yn oed! Dim ond meddu ar gof da a mwynhau yr angen syml i rannu hwyl y dweud, sy'n cynnwys meistroli'r grefft o amseru comedïol wrth raffu straeon difyr llafar gwlad un ar ôl y llall – heb anghofio rhoi dos go dda o'r grefft amhrisiadwy honno o fedru chwerthin am ben eich lletchwithdod a'ch dylni trwsgwl chi eich hun yma ac acw. Gyda llaw, un athrylith oedd yn meddu ar y ddawn amhrisiadwy honno oedd neb llai na'r bardd Dafydd ap Gwilym.

Ffrwyth Dychymyg

Es i ar gwrs sgrifennu'n ddiweddar i Ganolfan Tŷ Newydd yn Llanystumdwy, ond es i ddim yno i sgrifennu mewn gwirionedd. Mynd yno i fusnesu wnes i, gan mai Angharad Tomos oedd yn arwain cwrs Ysgrifennu Creadigol ar Gyfer Plant. Dwi wedi bod yn hyrwyddo darllen a lleisio straeon mewn ysgolion drwy drafod rhai o'i llyfrau hi yn y gyfres 'Darllen mewn Dim', ac ro'n i'n chwilfrydig ynglŷn â'r hyn oedd ganddi i'w ddweud am sut yr aeth hi ati i greu cyfres o'r fath. Roedd ei darlith yn hynod ddiddorol, a'i chanllawiau at greu a datblygu cymeriadau i'w rhoi mewn cyfres o lyfrau i'r plant mân, a hefyd straeon i'r rhai hŷn, yr un mor werthfawr. Ond mi ddysgais rywbeth ychwanegol wrth geisio cyflawni un o'r tasgau osododd hi – sef bod peryg pardduo rhywun diniwed wrth geisio creu stori afaelgar dan bwysau ac o fewn amser cyfyngedig! Yn yr achos hwn, rhoddodd ein tasg-feistres tua deng munud i ni sgrifennu am rywun cyfarwydd. Mi benderfynais greu rhywbeth am fy nhad am ei fod o'n gymeriad lliwgar a gwahanol. Dyma'r darn:

> Doedd 'Nhad ddim yn ddyn ymarferol iawn. A deud y gwir, roedd o'n ddyn anymarferol sobor. A doedd ganddon ni fawr o bres fel teulu.
>
> Un diwrnod, ar ôl rhythu ar andros o grac yn ffenest fawr y gegin, mi benderfynodd ei fod am ei thrwsio hi ei hun, rhag ofn iddi falu'n ufflon mewn storm. Felly, mi dreuliodd oriau yn tynnu'r gwydr o'r ffrâm yn gyfan gwbwl. Llwyddodd i wneud hynny'n wyrthiol heb fath o help, er mawr ryfeddod i bawb.
>
> Roedd o wedi mesur y gwagle i'r fodfedd (nid centimedrau roedden ni'n eu defnyddio ers talwm!), wedyn, mi gymysgodd y pwti'n ofalus iawn. Yn ara deg bach,

mi lwyddodd i sodro ffenest fawr newydd yn ôl yn ei ffrâm yn benigamp, ac mi roedd Mam yn syfrdan. Doedd pethau fel hyn ddim yn digwydd i 'Nhad yn aml!

Drannoeth, cyrhaeddodd y postmon, ac yn ôl ei arfer, anelodd am y twll-postio yn y drws oedd heb fod ymhell o'r ffenest newydd. Clywodd Mam ei waedd o hirbell. Roedd hi'n tacluso'r gwlâu ar y pryd – a rhuthrodd at y drws, a'i agor. Yno, ar y llawr y tu allan i'r tŷ ac o dan dwll gwag y ffenest, roedd y postmon druan; yn ddi-anaf, diolch byth, er ei fod wedi dychryn yn ofnadwy. Roedd gwydr y ffenest wedi dod yn rhydd, ac wedi malu'n deilchion ar ei ben!

Dyna oedd fy stori am fy nhad druan. Mae hi'n dristach stori o lawer mewn gwirionedd. Mae'r ffin rhwng comedi a thrasiedi'n gallu bod yn hynod annelwig a niwlog, fel yn y stori fechan uchod. Yn un peth, gallai'r postmon fod wedi cael anaf ofnadwy. Ac yn ail, gallai rhywun fod wedi credu'r stori! Achos y gwir plaen yw nad oedd fy nhad yn ddyn anymarferol o bell ffordd. Roedd o'n gywrain a destlus a thaclus ei law a'i waith. Ac fel arfer, byddai wedi medru gosod ffenest a sicrhau ei bod hi'n hollol ddiogel ... ond pan osododd un y tro hwn, roedd o'n ddyn gwael ei iechyd, yn gorfforol a meddyliol, ac newydd ddioddef strôc enbyd oedd wedi parlysu ochr dde ei gorff a difrodi ei leferydd a'i reswm. A'r diwrnod hwnnw, mi fynnodd – yn afresymol a styfnig, yn unol â symptomau personoliaeth rhai cleifion sydd wedi dioddef difrod i'w hymennydd – osod her iddo'i hun drwy roi'r ffenest newydd yn ei ffrâm ar ei ben ei hun heb help gan neb. Doedd dim troi arno fo, er bod Mam wedi gwneud ei gorau glas i geisio'i berswadio i newid ei feddwl, a chynnig cael crefftwr dibynadwy i wneud y joban drosto. Un fel'na oedd o ar ôl ei salwch – yn styfnig fel bwch, yn gwneud y pethau mwya hurt, yn hollol groes i'w natur dawel, foneddigaidd arferol.

Beth bynnag, mi lwyddodd 'Nhad rywsut i osod y ffenest

fawr ar ei ben ei hun heb help. Ond doedd hi ddim yn ddiogel yn ei lle, mae'n rhaid. Y canlyniad oedd iddi ddod yn rhydd o fewn munudau iddo'i gosod. Achos wrth iddo fo sefyll y tu allan yn edmygu'r gwaith roedd o newydd ei orffen, a llongyfarch ei hun am ei fod wedi gosod ffenest drwy ddefnyddio ei fraich chwithig yn unig, yn sydyn mi ddisgynnodd y gwydr cyfan o'i ffrâm. Ac ar ei ben o'i hun y malodd y ffenest yn ufflon, nes ei bod hi'n shitrwns o ddarnau gwydr bob siâp o gylch ei draed, a 'Nhad yn edrych yn druenus ar y llanast ac yn gorfod cydnabod nad oedd ganddo'r gallu bellach, ar ôl cael ei daro mor wael, i osod na ffenest na dim byth wedyn. A dagrau pethau oedd mai un o resi o weithredoedd nad oedd yn bosib iddo'u cyflawni oedd honno. (A gyda llaw, doedd 'na ddim postmon yn agos i'r lle. Ffrwyth fy nychymyg i fy hun yn llwyr oedd hwnnw.)

Dwi'n prysuro i ddweud nad oeddwn i'n bwriadu dweud celwydd o gwbwl, na phardduo fy nhad – sgrifennu ffuglen fywiog ar garlam ar gyfer plant oedd y nod, a hynny mewn amser byr iawn, iawn. Mae difyrru a diddanu er mwyn cael plant i ddarllen, gwrando a sgrifennu neu fynegi eu hunain ar lafar yn rhywbeth dwi wedi ei wneud yn aml ar hyd fy oes. A'r rhan amlaf, mae'r cyfan yn gybolfa o realaeth a ffantasi sy'n gymysg â'i gilydd, fel mae'r rhan fwyaf o lenyddiaeth plant.

Mi ddatblygon ni sawl stori arall yn ystod y dydd yng ngweithdy Angharad Tomos. Yno, mi ofynnodd rhai athrawon ifanc i mi sut roedd straeon yn dod i 'mhen mor rhwydd. Wnes i ddim ateb, achos nid fy lle fi oedd eu rhoi nhw ar ben ffordd yng nghanol sesiwn Angharad! Ond mi wnaeth y cwestiwn i mi feddwl. Ac o bosib 'mod i'n sgrifennu hyn o lith rŵan oherwydd yr holi hwnnw. Fy ymateb sylfaenol yw egluro nad ydi'r grefft o adrodd a chreu stori lafar yn hawdd ar y dechrau, ond mae'n bosib ei dysgu. Ches i mo fy ngeni yn rhaffu straeon fel robot!

'*Paid â phoeni. Mae fory heb ei dwtshad ...*'

Mae lluniau a phaentiadau'n gallu creu argraff ddofn arna i, a bu i'r llun hwn gan yr artist Stephen John Owen fy ysbrydoli i sgwennu'r stori 'Dau' sydd yn y gyfrol hon.

Diolch iddo am gael ei rannu yma.

Hefyd ar gael gan yr un awdur

Melysgybolfa Mari

'Mae'r cyfan yn gryndod o fwynhad ... ac yn hufen ar ben y gybolfa mae dawn ddihafal Mari i ddweud stori.'

Adolygiad Lyn Ebenezer ar gwales.com

Gwasg Carreg Gwalch
£7.50

melysgybolfa mari

straeon ac
atgofion
mewn sawl
arddull a ffurf
- mewn gair:
melysgybolfa!

mari gwilym